ullstein

Peter Maxwill

DIE REISE ZUM RISS

Berichte aus einem gespaltenen Land

Ullstein

Besuchen Sie uns im Internet:
www.ullstein-taschenbuch.de

Originalausgabe im Ullstein Taschenbuch
1. Auflage August 2019
© Ullstein Buchverlage GmbH, Berlin 2019
In Kooperation mit der SPIEGEL ONLINE GmbH & Co.KG, Hamburg
Umschlaggestaltung: semper smile, München
Titelabbildung: © Shutterstock / Globe Turner; PyzhovaOlena; Cafe Racer
Satz: Pinkuin Satz und Datentechnik, Berlin
Druck und Bindearbeiten: CPI books GmbH, Leck
ISBN: 978-3-548-06147-4

INHALT

DEUTSCHLAND, WAS IST LOS MIT DIR?

EIN VORWORT

Wissen Sie noch, wann es anfing, wo und wie genau? Populisten, die durch Innenstädte und in Landesparlamente ziehen. Flüchtlinge, die in Dörfern und Städten ein neues Leben anfangen. Extremisten, die Asylunterkünfte anzünden oder vermeintlich Ungläubige angreifen. Und Menschen, die mit diesen Veränderungen umgehen müssen. Viele Menschen. Wir alle.

Über die Jahre ist ein regelrechtes Sammelsurium mehr oder weniger präziser Begriffe entstanden, die diese Umwälzungen beschreiben sollen: Von einer Polarisierung und einem Riss durch die Gesellschaft gehen Beobachter und Experten aus, andere sprechen lieber von einem Rechtsruck. Aber was genau ist da verrutscht, zerrissen?

Wohl niemand kann sagen, wann das alles anfing, wo und wie genau. Für mich ging es am 26. Juni 2015 los, im Zentrum von Berlin.

Um 9 Uhr morgens sitze ich an diesem Frühsommertag in der wahrscheinlich kürzesten Redaktionskonferenz meines bisherigen Journalistenlebens. Draußen brennt die Sonne überm Pariser Platz, drinnen sagt mein Ressortleiter einen entscheidenden Satz: »Ich glaube, wir sollten mal nach Freital fahren.«

Zehn Minuten später radle ich durchs Brandenburger Tor, vorbei an Neubauten und Doppeldeckerbussen, aus denen mit Selfiesticks ausgerüstete Asiaten die Betonödnis von Berlin-Mitte bestaunen. In meiner Wohnung packe ich hastig einen kleinen Rucksack, wenig später sitze ich im Zug nach Sachsen. Noch ahne ich nicht, wie sehr dieser Spontantrip in die sächsische Provinz meinen Blick auf das Land verändern wird.

Ich wuchs am anderen Ende der Republik auf. Zwölf Jahren im bürgerlich-katholischen Rheinland folgten zwölf Jahre im bürgerlich-katholischen Westfalen: ein Wessi aus christlichem Elternhaus, der vom Kalten Krieg nur aus Büchern wusste und erst als Erwachsener realisierte, was für ein vergleichsweise friedliches Jahrzehnt die Neunzigerjahre waren. Sachsen kannte ich bis zu meiner ersten Freital-Reise nur aus der Perspektive des Tagestouristen, seit ich 2010 einen Ausflug durch die neuen Bundesländer gemacht hatte (die zwei Jahrzehnte nach der Wiedervereinigung schon ziemlich alte Bundesländer waren). Von Dresden war ich fasziniert, obwohl tiefer Schnee die pseudobarocke Pracht der Altstadt bedeckte und der eiskalte Wind am Elbufer kaum zu ertragen war. Aber ich hatte sehr nette Menschen kennengelernt, und in jeder Gasse schlugen mir Geschichte und Kultur entgegen.

Als ich im Sommer 2015 in Richtung Dresden aufbreche, ist die Stadt nicht wegen ihrer Geschichte und Kultur regelmäßig in den Nachrichten. Sondern wegen Pegida. Die selbst ernannten »Patriotischen Europäer gegen die Islamisierung des Abendlandes« ziehen seit Monaten regelmäßig durch die Altstadt und skandieren wütende Parolen. Begriffe wie »Gutmensch« und »Wutbürger« haben jetzt Konjunktur. Und natürlich »Lügenpresse« – damit sind Journalisten gemeint, Menschen wie ich.

Was ist geschehen? Viel ist die Rede von den angeblichen Protagonisten dieser Entwicklung, den Politikern. Die einen sehen in den Jahren nach 2015 vor allem in Angela Merkel, der Bundeskanzlerin, das zentrale Problem – unter anderem wegen ihrer angeblich zu liberalen Asylpolitik. Andere arbeiten sich an Themen wie Umweltschutz, Heimat, Gleichstellung, Digitalisierung, Extremismus oder Landflucht ab.

Aber was hat all das mit dem Alltag der Deutschen zu tun? Wie engagiert sich eine Kellnerin in Ostsachsen für Asylsuchende? Warum verliert ein Münchner Gastwirt wegen Pegida seine Gaststätte? Wie reagiert ein Standesbeamter aus dem Münsterland auf anonyme Drohungen von mutmaßlich Rechtsextremen? Und was haben sogenannte Reichsbürger und Prepper mit alldem zu tun?

Dieses Buch ist der Versuch, Fragen wie diese zu beantworten. Über Jahre bereiste ich Dörfer und Städte in allen Ecken der Republik – und sprach mit Unternehmern, Priestern, Schülern, Aktivisten, Lokalpolitikern, Rentnern. Mal ging es um Rechtsterrorismus oder Islamisten, mal um den Zusammenhalt im Dorf oder im Stadtteil, mal um Überalterung und Vereinsamung. Einmal führte eine solche Reise auch aus Deutschland heraus – weil es einige Fragen gibt, auf die ich in Belgien besonders beeindruckende Antworten fand.

Aus diesen Recherchen sind Dutzende Berichte aus einem Land inmitten einer kollektiven Identitätskrise entstanden. Wer verstehen möchte, warum sich vielerorts aggressiver Widerstand gegen Zuwanderer in der Nachbarschaft entwickelt hat, findet ganz unterschiedliche Antworten in Wurzen bei Leipzig, Hamburg-Blankenese oder Solingen. Man könnte das Konzept dieses Buchs also wie folgt zusammenfassen: Da fuhr einer los mit vielen Fragen im Gepäck, um Geschichten über dieses Land zu sammeln.

Die Geschichten erzählen davon, wie sich europäische Krisen und globale Verwerfungen in Dörfern und Stadtvierteln niederschlagen: Die Integration von Zuwanderern, der Bürgerkrieg in Syrien, die Rolle der Seenotretter im Mittelmeer – all diese Konflikte haben mitunter sehr konkrete Auswirkungen auf die Gesellschaft, unser Miteinander, unseren Alltag.

Es ging mir bei meinen Reisen nicht primär um die großen Linien der Politik, um Angela Merkel oder die AfD oder die Asylkrise. Diese Entwicklungen standen stets wie eine gigantische Kulisse im Hintergrund, mein konkretes Interesse galt dem Alltag der Republik. Es ging mir bei keiner Recherche darum, Berufspopulisten zu verstehen oder das Argumentationsmuster tonangebender Rassisten zu analysieren. Ich wollte wissen, warum immer mehr Deutsche solchen Menschen folgen. Wie es sein kann, dass sie Lügen und Halbwahrheiten glauben. Und welche Strategien andere haben, um die zunehmende Polarisierung zumindest zu bremsen.

Dieses Buch erhebt keinen Anspruch auf enzyklopädische Vollständigkeit, es soll kein Atlas der Polarisierung sein. Jede Geschichte steht für sich und zeigt einen eigenen Aspekt dieses Risses, der die Gesellschaft in Lager zu spalten droht. Die Berichte sind auch nicht wie fundierte Feldstudien zu verstehen, die eindeutige Antworten auf komplexe Fragen liefern. Im Gegenteil: Die Antworten, die auf den folgenden Seiten stehen, sind mitunter mehrdeutig oder sogar widersprüchlich. Und keine Episode ist als endgültiges Urteil über einen Ort oder dessen Bewohner zu verstehen. Sondern als komplexe Momentaufnahme, als Wimmelbild mit Fußnoten.

So zuckelte ich mit Regionalbahnen und Überlandbussen in Dörfer und Kleinstädte, manchmal schloss ich eine Reise auch mit einem halbstündigen Fußmarsch am Rande einer Bundesstraße ab.

Die besuchten Orte und ihre Bewohner stehen in den einzelnen Reiseberichten im Mittelpunkt, in den Analysekapiteln hingegen ordne ich als Autor meine Erfahrungen ein – wertend, erläuternd, interpretierend.

Manchmal kam ich von einer Recherche auch mit mehr Fragen als Antworten zurück. Aber Fragen, davon bin ich fest überzeugt, sind der ideale Antrieb, um immer weiterzumachen. Auch deshalb beginnt jedes der vier übergeordneten Kapitel mit einem Bericht über Freital – weil ich nach jedem Besuch im Osten von Sachsen neue Fragen hatte und mich die Geschichte dieses Ortes über die Jahre begleitet hat.

I. ALLE IN ANGST.
DIE SORGENREPUBLIK

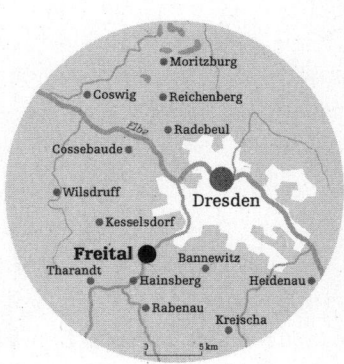

EIN SPALT ENTSTEHT

Der Typ steht da mit seiner Fahne, als wolle er sie gleich vor den Augen eines Millionenpublikums in die Mondoberfläche rammen. Dazu dürfte es allerdings an einigem mangeln: Statt eines Astronautenanzugs trägt dieser grimmig dreinschauende Hüne ein graues Jäckchen zum grauen Haar. Und er steht auch nicht auf dem staubigen Untergrund des Mondes – sondern im sächsischen Freital, in einer Straße namens Am Langen Rain.

Das Sonderbarste an dieser Erscheinung aber ist die Fahne. Die spaltet eine schnurgerade Diagonale in zwei gleich große Dreiecke: auf der einen Seite die russischen Nationalfarben, auf der anderen drei Balken in Schwarz-Rot-Gold. Könnte ein Symbol der deutsch-russischen Völkerverständigung sein. Verständigung steht an diesem Sommerabend allerdings nicht auf der Tagesordnung, und um Russland geht es schon gar nicht.

Stattdessen brüllen die Leute rund um den Fahnenmann: »Kriminelle Ausländer – raus, raus, raus!« Das gilt der anderen Gruppe, die keine fünfundzwanzig Meter entfernt steht. Flüchtlingshelfer und linke Aktivisten. Ein

Mann mit Bierbauch und Spiegelreflexkamera schiebt sich in die erste Reihe, fotografiert die Flaggentruppe, von denen einige mit ausgestrecktem Mittelfinger und grimmiger Mimik fürs Foto posieren. Eine Frau in der ersten Reihe, Typ Rugby-Bezirksmeisterin, ruft dem Fotografen zu: »Deine Fresse merk ich mir!«

Freital ist an diesem 24. Juni 2015 ein ziemlich ungemütlicher Ort. Schon seit einigen Wochen debattiert das sächsische Städtchen über ein Flüchtlingsheim, in diesen Tagen eskaliert der Streit. Das hysterische Treiben rund um den blassgelben DDR-Bau mit dem irreführenden Namen Hotel Leonardo veranschaulicht, wie sich in diesem Sommer das Land verändert. Wie Hass entsteht, wie alte Konflikte aufbrechen, wie eine Gesellschaft sich in Grüppchen aufteilt.

Freital, im sächsischen Behördenjargon »Große Kreisstadt«, hat 39 547 Einwohner, fünfzehn Ortsteile, vier S-Bahnhöfe, knapp neun Prozent Arbeitslose. Wer mit dem Zug aus Richtung Dresden anreist, fährt durch einen seltsam gleichförmigen Ort, der sich in ein enges Tal drängt.

Das Hotel Leonardo liegt in Freital dort, wo andernorts Schlösser, Siegesdenkmäler oder Burgruinen stehen. Auf einem flachen Hügel, den man wahlweise über eine serpentinenartige Straße oder nicht enden wollende Treppen erreicht, thront dieser trostlose Bau über der Stadt. Einige Stunden vor dem wütenden Aufmarsch unterhalten sich vor dem Haupteingang ein paar Asylsuchende, vom Bolzplatz hinterm Haus hallt Kindergeschrei. Diese Menschen also sind das Problem.

Jedenfalls aus Sicht von Leuten wie Lutz Bachmann.

Bachmann gehört zu denjenigen, die den Protest gegen die Bewohner des Leonardo organisieren. Ein paar Hundert Zuwanderer sollen in diesen Tagen aus provisorischen Zelten in Chemnitz nach Freital umziehen. Viele im Ort wollen das nicht hinnehmen, sie fühlen sich von den Behörden übergangen. Bachmann weiß diese Wut zu kanalisieren und auf die Straße zu bringen, er ist einer der Mitbegründer der Dresdner Pegida-Demonstrationen. In Freital organisiert sich der Protest zunächst in sozialen Netzwerken, unter Namen wie »Freital wehrt sich« und »Widerstand Freital«. Eine Gruppe nennt sich »Frigida«. Dass das eher an das Wort »frigide« erinnert als an eine Mischung aus Freital und Pegida, fällt offenbar niemandem auf.

Aus dem Internet schwappte die Wut schließlich auf die Straße, seit zwei Tagen ziehen nun Menschen abends zum Leonardo – und seit zwei Tagen kommen auch Gegendemonstranten. An diesem Mittwoch geht es um viel für beide Seiten, von Freital soll ein Zeichen ausgehen. Die vorerst letzten fünfzig Asylsuchenden werden erwartet, ihnen wollen beide Parteien einen Empfang bereiten. Hässlich soll er aus Sicht der einen sein, herzlich aus Sicht der anderen.

Die Befürworter der Flüchtlingsunterkunft hat eine Frau zusammengetrommelt, die sich schon am späten Nachmittag mit ihrem Sohn vor einer Hecke am Leonardo postiert. Nico und Steffi Brachtel heißen die beiden, sie gehören zur »Organisation für Weltoffenheit und Toleranz Freital und Umgebung«. Nico ist Schüler, seine Mutter Kellnerin. »Ich stelle mir das schrecklich vor«, sagt sie, »von einem Flüchtlingslager ins nächste geschoben zu werden und dann so eine Begrüßung zu bekommen.« Das sehen etwa sechzig Mitstreiter ähnlich, die nach und nach den Leonardo-Hügel erklimmen.

Vor allem aber kommen Polizisten. Die Behörden haben vom ersten größeren Aufeinandertreffen rechter Demonstranten und linker Aktivisten offenbar gelernt: Die zwölf angerückten Polizeibeamten hatten vorgestern alle Mühe, die Kontrahenten voneinander fernzuhalten. Einen Tag später rückten bereits dreiundvierzig Polizisten an. Schließlich stockte die Behörde nun auf mehr als hundert Sicherheitskräfte auf, nachdem beim Aufeinandertreffen der beiden Gruppen zuletzt Eier geflogen waren.

Woher kommt der Volkszorn? Wer ein wenig recherchiert, stößt schnell auf den Umstand, dass Freital erst 1921 entstanden ist – als Fusion dreier Industriegemeinden, in denen zwei Drittel der Einwohner SPD wählten. Diese linke Zweidrittelmehrheit bastelte sich in diesem Tal bei Dresden eine Arbeiter-Utopie, die frei sein sollte von Ausbeutung und Unterdrückung. Daher der Name: Freital. Damals war es die einzige Stadt Sachsens mit einem sozialdemokratischen Oberbürgermeister, heute erhält die SPD bei Kommunalwahlen kaum noch elf Prozent der Stimmen.

Der Glaube an die Utopie ist dem Frust gewichen. Vor dem Hotel Leonardo stehen auf der Seite der Flüchtlingsgegner ein paar Dutzend Leute in einer Traube, es sind vor allem Männer. Einer von ihnen ist Mirko Meyer, er heißt eigentlich anders. »Jeden Abend ist hier so eine Scheiße«, sagt Meyer, »ich halte das nicht mehr aus.« Dann zeigt er auf einen Mann mit dunkler Haut und schwarzen Haaren, der auf der Gegenseite steht: »Da, die leben hier doch alle auf unsere Kosten – ich verstehe einfach nicht, warum die alle hier bei uns haben wollen.« Er klingt verzweifelt, beinahe fassungslos.

Meyer zahlt seit Jahren Miete, um in einer der schmucklosen Mietskasernen nebenan zu wohnen. Von dort aus beobachtet er nun, wie Ausländer mietfrei in einem ehemaligen Hotel untergebracht werden. Was er sieht: Die Flüchtlinge tragen Jeans und besitzen Handys. Was er nicht sieht: Auch Jeansträger mit Handys fliehen vor Krieg und Terror.

Die Meyers und Brachtels tauschen ihre Ängste und Argumente nicht aus. Stattdessen bekriegen sie sich in Internetforen und auf Facebook, bewerfen sich mit Schimpfwörtern und Hühnereiern. Und weil das so ist, stellt die Polizei an diesem Abend zwei Einsatzwagen quer auf die Straße, nur ein kleines Schlupfloch bleibt zwischen den Motorhauben. Jeder, der nun den Langen Rain betritt, gehört automatisch zu einer Seite. Die Freitaler sind in zwei Gruppen gespalten.

Um kurz vor acht erschallen die ersten Sprechchöre. »Nazis raus«, brüllen Dutzende Demonstranten, »wir wollen keine Nazi-Schweine!« Es sind ausgerechnet die Gegner der Unterkunft, die das fordern, und die Reaktion auf der Gegenseite fällt entsprechend hämisch aus: schallendes Gelächter, tosender Applaus. Dann brüllt jemand zurück: »Wir wollen euch auch nicht!«

Wenige Minuten später quält sich ein Reisebus im Schritttempo den Hügel hinauf. Er kommt, beschützt von Polizisten, in der Mitte des Schotterplatzes vor dem Leonardo zum Stehen. Der Bus spuckt müde Gestalten aus, einige haben Reisetaschen und kleine Koffer dabei, die meisten halten nur eine Plastiktüte oder gar nichts in den Händen. Es ist der Moment, in dem die Demonstranten im Chor rufen: »Kriminelle Ausländer – raus, raus, raus!« Gut möglich, dass auch die Unterstützer der »Organisation für Weltoffenheit und Toleranz« irgendetwas rufen, zu hören ist es nicht. Der Hass ist lauter.

Aber nicht unüberwindbar. Gegen 19 Uhr passieren ein paar Anwohner die von der Polizei gezogene Grenze zwischen Flüchtlingshelfern und Flüchtlingsgegnern: Zwei Dutzend Migranten spazieren völlig ungerührt am Rande des Platzes entlang, als hätten sie mit dem Treiben nichts zu tun. Stefan Vogl, ein Geschichtslehrer aus dem Ort, begleitet die Gruppe zur nahe gelegenen Turnhalle des Weißeritzgymnasiums, dort wollen sie gemeinsam Volleyball spielen.

Einer der Männer nennt sich Umer, ein Pakistaner mit Pagenschnitt. Hat er keine Angst vor den Leuten, die da gerade gegen Menschen wie ihn demonstrieren? »Nein, ich fühle mich hier wunderbar«, sagt er, »ich habe mich noch nie so sicher gefühlt wie hier.«

Bleibt zu hoffen, dass Umer diese Einschätzung nicht eines Tages ändern muss.

Die Proteste in Freital werfen Fragen auf, grundsätzliche Fragen. Gut möglich, dass es bei den Protesten vor dem Leonardo eigentlich nicht um Flüchtlinge geht – sondern um etwas, für das der Groll auf die neuen Nachbarn eine Art Ventil ist. Womöglich ist es ein diffuses Gefühl des Vergessen- und Abgehängtseins, das über Jahre zu massiver Wut herangegoren ist. Wut aus Einsamkeit.

Es ist ein Gefühl, für das es in manchen Gegenden

der Republik durchaus eine faktische Grundlage gibt: Viele Tausend Menschen haben in den vergangenen Jahren Dörfer und Kleinstädte verlassen, zwei Fachbegriffe haben sich deswegen zu Modewörtern gewandelt: Demografie und Strukturwandel. Manche Regionen veröden regelrecht, sterben wie altersschwache Löwen einen langsamen Tod.

Die Auswirkungen dieses schleichenden Umbruchs sind mitunter dramatisch, wie sich zum Beispiel im Städtchen Tangerhütte zeigt. Im Garten von Herbert Hoffmann.

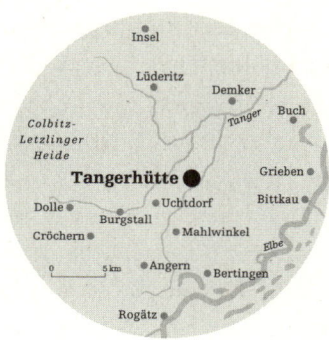

IN DER LEERE

Einsamkeit beeinträchtigt nicht den Sinn für Humor. Der Beweis dafür findet sich in einem rustikal eingerichteten Wohnzimmer in Sachsen-Anhalt. Herbert Hoffmann sitzt am großen Holztisch in der Raummitte und stützt die Ellbogen auf – ganz so, als wolle er an diesem Tag im Spätsommer 2015 noch mal so richtig loslegen. Womit auch immer.

Hoffmann ist sechsundachtzig Jahre alt, hört nicht mehr so gut, beide Kniegelenke und die Hüfte sind ersetzt worden. »Ich hab ja noch zwanzig, dreißig Jahre Zeit, um mich um meinen Lebensabend zu kümmern«, sagt er und legt mit breitem Grinsen sein Gesicht in Falten. »Aber ich fang schon mal langsam damit an.«

Dabei könnte man meinen, Hoffmann habe nicht viel zu lachen.

Denn der gebürtige Rheinländer mit dem akkurat gestutzten Kinnbart lebt seit acht Jahren allein – in einer der einsamsten Gegenden Deutschlands: Hoffmanns Einfamilienhaus bildet mit einer Handvoll anderer Gebäude das Dörfchen Sophienhof, als Teil von Tangerhütte zwischen Stendal und Magdeburg in der dünn besiedelten Altmark. Das Städtchen dehnt sich auf einer Fläche aus, die größer ist als Frankfurt am Main, doch in den zweiunddreißig Einzelortschaften leben nur rund elftausend Menschen. Und jährlich werden es weniger.

Für Senioren wie Herbert Hoffmann ist diese Entwicklung bedrohlich: Wer kümmert sich um ihn, wenn er nicht mehr ohne Hilfe gehen kann? Was passiert mit seinem Haus? Das hatte er 1990 gebaut, den Dreitausend-Quadratmeter-Garten selbst bepflanzt und einen großen Weiher angelegt. Vor acht Jahren starb Hoffmanns Frau, die beiden waren ein kinderloses Paar. »Jetzt bin ich fast immer allein«, sagt er, »umso lieber habe ich Menschen um mich.«

Der Witwer ist ein Spiegelbild seines Wohnorts, der ganzen Region: alt und einsam.

Tangerhütte ist kein Einzelfall. Es gibt Hunderte Herbert Hoffmanns – in Nordhessen, im Harz, in Mecklenburg, in der Eifel. Weil ganzen Landstrichen die Entvölkerung droht, wollen Politiker gegensteuern: Die EU fördert regionale Projekte mit sogenannten Struktur- und Investitionsfonds, die Bundesregierung bekämpft den Strukturwandel mit der »Gemeinschaftsaufgabe Verbesserung der regionalen Wirtschaftsstruktur« und Forschungsprojekten. Hinzu kommen Maßnahmen einzelner Bundesländer.

Klingt toll, reicht aber nicht.

Denn Prospekte und wissenschaftliche Aufsätze verändern die Lebensbedingungen zunächst ebenso wenig wie kostspielig sanierte Innenstädte – zumal viele Förderprojekte befristet sind. Man kann das vielerorts beobachten, gerade in den östlichen Bundesländern: Viele Kommunen haben inzwischen wunderschöne Altstädte, schrumpfen aber weiter.

Herbert Hoffmann schöpft Hoffnung, seit er Marion Zosel-Mohr kennengelernt hat. Die 59-Jährige mit der schwarzen Kurzhaarfrisur arbeitet für das Modellprojekt »Leben mit Familienanschluss« der Sozialakademie Potsdam. Sie will eine Familie finden, die mit Hoffmann in einem Haus leben möchte.

Zosel-Mohr hat Rosinenplunder und gute Neuigkeiten mitgebracht: Mitte August will eine Familie aus dem nahen Meseberg den Rentner kennenlernen. »Wenn die Chemie gut passt, könnten Sie dort einziehen«, sagt sie zu Hoffmann. In Tangerhütte würde dann ein Mensch weniger vereinsamen. Aber es stünde auch ein weiteres Haus leer. Hoffmann träumt deshalb davon, sein Heim einer Familie zu verkaufen und sich selbst in zwei Zimmer im Obergeschoss zurückzuziehen.

Realistisch ist das nicht. Der Immobilienmarkt in der Gegend steckt in der Krise: Seit der Wiedervereinigung hat Sachsen-Anhalt ein Fünftel seiner Einwohner verloren, keinen Landkreis verlassen mehr Menschen als die Region um Stendal. Das Statistische Landesamt erwartet in der Altmark binnen zehn Jahren einen Bevölkerungsschwund von mehr als 25 Prozent im Vergleich zu 2008.

Ein Viertel weniger Menschen, ein Viertel weniger Konsumenten, ein Viertel weniger potenzielle Kulturschaffende, Geschäftsleute, Lokalpolitiker, Feuerwehrleute. Und unter den wenigen, die bleiben: immer mehr Alte, Kranke, Alleinstehende und Hilfsbedürftige.

Der Mann, der diesen Trend stoppen möchte, klingelt um kurz nach eins an Hoffmanns Haustür. Andreas Brohm, ein Blondschopf mit glatt rasiertem Gesicht und blauem Jackett. Der 36-Jährige wuchs selbst in Tangerhütte auf, ist heute Bürgermeister und tourt für sein Ziel seit seinem Amtsantritt im vergangenen Herbst durch die Dörfer.

Er träumt davon, den Strukturwandel mit kulturellen Angeboten, schnellerem Internet und eigenem Autobahnanschluss zu gestalten. Der Neupolitiker, der eifrig twittert und eine eigene Homepage betreibt, wirkt wie ein Tropenvogel in Hoffmanns Wohnzimmer, das den braun gemaserten Charme der Achtzigerjahre versprüht.

Brohm ist hoch motiviert, aber realistisch: Viele Aufgaben müsse die Stadt in die Hände von Ehrenamtlichen geben, das Geld fehle. Klingt in der Theorie gut, sagt Zosel-Mohr – sie wisse nur nicht, wie das in der Praxis funktionieren solle: »Wir haben ja gar keine Leute mehr, um ein System des Helfens aufzubauen.«

Brohm will den Bevölkerungsschwund unter anderem mit etwas bekämpfen, das er »Entkommunalisierung« nennt: Nicht jedes Dorf brauche einen eigenen Sportplatz, sogar das traditionsreiche Kulturhaus müsse aufgegeben werden. »Das ist unpopulär, aber alternativlos«, sagt er, »und glauben Sie mir: Es ist kein schönes Gefühl, den gesamten Stadtrat gegen sich zu haben.« Aber selbst falls Brohms Politik erfolgreich sein sollte: Wann wäre deren Wirkung spürbar?

Für Hoffmann wohl zu spät. Sein 180-Quadratmeter-Haus hat fünf Zimmer, je zwei Bäder und Toiletten, Dachboden, Keller. In Berlin wäre der Senior damit ein reicher Mann, doch in Tangerhütte liegt der Quadratmeterpreis bei 384 Euro. Sein Backstein-Paradies im Grünen hat damit derzeit einen Marktwert von etwa 69 000 Euro. Sollte Hoffmann zum Pflegefall werden, könnte er damit gerade mal sechseinhalb Jahre im Heim finanzieren – in der niedrigsten Pflegestufe.

Hoffmann ist wohl kaum jemand, der für dumpfe Parolen und schlichte Schuldzuweisungen anfällig wäre. Dabei hätte er immerhin handfeste Gründe, verärgert und desillusioniert zu sein: Wenn selbst Eigentümer stattlicher Häuser, die ein Leben lang gearbeitet haben, um die Finanzierung der eigenen Pflege im Alter bangen müssen, während Steuergelder für die Rettung kriselnder Banken ausgegeben werden – dann ist der Frust programmiert. Und die Suche nach den Schuldigen beginnt.

DER
MYSTERIÖSE
MIGRANTENMOB

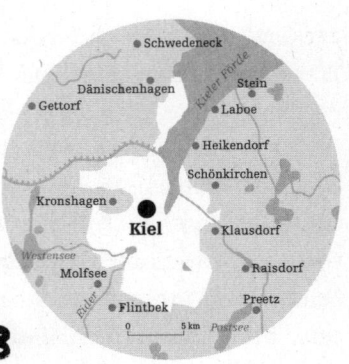

Ein frostiger Abend im Kieler Bahnhofsviertel, März 2016.
Vor dem »Orient Fresh«, einem Schnellrestaurant im Einkaufszentrum »Sophienhof«, vermischen sich die Düfte
von Dönerfleisch und Pizzakäse. Ein junger Mann namens
Kadir, der in dem Imbiss als Verkäufer arbeitet, läuft gerade zur Höchstform auf: »Hier saßen einfach drei Mädchen und ein paar Jungs«, sagt er und wedelt mit seinen
Armen hektisch umher. »Ich weiß überhaupt nicht, woher
das Gerücht mit den angeblich dreißig Tätern herkommt.«

Das Problem ist: Offenbar weiß das niemand so recht.

Kadir, dreiunddreißig, gepflegter Dreitagebart, grell-
grünes Poloshirt, sitzt an jenem Holztisch im Obergeschoss des »Sophienhofs«, an dem sich ein paar Tage
zuvor offenbar Szenen abgespielt haben, die das Einkaufszentrum weit über Kiel hinaus auf unrühmliche
Art bekannt machten: Vor Lokal Nummer 35, dem »Orient Fresh«, sollen junge Männer drei Mädchen im Alter
von fünfzehn, sechzehn und siebzehn Jahren bedrängt
haben. An diesen Vorwürfen bestehen kaum Zweifel.

Nicht klar ist allerdings, was genau unter »bedrängen« zu verstehen ist, wie viele Unbekannte die drei Teenager belästigten und ob hier tatsächlich etwas Strafbares geschah.

»Da wollte doch bloß einer auf dicke Hosen machen«, sagt Kadir, der das Geschehen von seinem Laden aus beobachtet haben will. Demzufolge hatte aus einer Gruppe von sechs jungen Männern heraus ein Duo die Mädchen begafft und ihnen Kommentare zugerufen, später sei es dann zu einem kleinen Handgemenge mit zu Hilfe gerufenen Polizisten gekommen.

Schaulustige habe es gegeben, sagt Kadir, aber keinesfalls Dutzende Täter. »Wenn direkt vor meinem Laden jemand angegriffen würde, käme ich auch sofort zu Hilfe und würde mir die Burschen packen«, sagt er. »Aber was jetzt gerade abläuft, ist nicht fair.«

Was jetzt gerade abläuft – damit meint er die große Empörung über den von der Polizei verbreiteten Tathergang, der wenig mit Kadirs Schilderungen gemein hat. Die drei Mädchen seien »massiv belästigt« worden, hieß es in der Pressemitteilung mit der Nummer 160226.1: Zwei junge Afghanen fotografierten die Mädchen demzufolge mit ihren Handys, versendeten Bilder an mutmaßliche Kumpel, und im Nu versammelte sich ein Pulk von »20 bis 30 Personen mit Migrationshintergrund«.

Ein übergriffiger Migrantenmob, mitten in Kiel?

Körperliche Übergriffe auf die Mädchen habe es zwar nicht gegeben, teilten die Ermittler mit. Als aber die von Zeugen alarmierten Polizeibeamten eingetroffen seien, hätten sich die Beschuldigten gewaltsam gewehrt. Die beiden »afghanischen Haupttäter« seien in Gewahrsam genommen worden.

Eigentlich, könnte man meinen, ist also vergleichsweise wenig passiert. Aber *Kiel* lässt sich nicht ohne *Köln* verstehen: Zwei Monate zuvor hatten Berichte über massenhafte Übergriffe mutmaßlicher Zuwanderer auf Frauen in der Silvesternacht in Köln bundesweit Empörung ausgelöst. *Köln* wurde zur Chiffre, nicht nur in rechten Kreisen. Seit *Köln* entwickeln sich Meldungen über mutmaßliche Übergriffe junger Migranten fast zwangsläufig zum bundesweiten Diskussionsthema, so auch die Vorkommnisse im Kieler Bahnhofsviertel: Die Nachricht vom angeblich übergriffigen Männermob in Kiel erregte umgehend Empörung im ganzen Land, etliche große Medien berichteten darüber. Kurze Zeit später teilte die Polizei mit, weitere Frauen hätten von Belästigungen im »Sophienhof« berichtet.

Manche dieser vermeintlichen Gewissheiten machen die Ermittler jedoch wieder zunichte: Der Sachstand habe sich »relativiert«, sagt ein Sprecher auf telefonische Nachfrage. Gegen die beiden verdächtigen Afghanen werde zwar ermittelt wegen »Belästigung auf sexueller Basis, Bedrohung, Widerstands gegen Vollstreckungsbeamte und Körperverletzung«. Ob aber die Mädchen gefilmt und fotografiert wurden, »können wir noch gar nicht sagen«. Die Handys der Verdächtigen seien bisher nicht ausgewertet worden.

Und der Pulk von zwanzig bis dreißig Migranten, der an den Belästigungen beteiligt gewesen sein soll? »Auch das«, sagt der Sprecher, »ist einfach nicht gesichert.« Man ermittle zurzeit, ob es sich auch um Schaulustige gehandelt haben könnte. Zudem hätten sich lediglich zwei weitere Frauen nach den angeblichen Übergriffen bei der Polizei gemeldet, die »allgemein« über ein Unsicherheitsgefühl durch Flüchtlinge geklagt hätten. Einen Bezug zum »Sophienhof«, sagt er, gebe es bei den Aussagen dieser Frauen nicht. Ja, was denn nun?

Eine junge Frau mit Dutt und glitzernden Ohrringen, die sich mit dem Namen Quendresa vorstellt, hat den Vorfall nach eigenen Angaben aus wenigen Metern Entfernung beobachtet. In Lokal 39, der Pizzeria »Ciao Bella«, habe sie an jenem Abend gearbeitet, als es im Gang vor dem Laden plötzlich lauter geworden sei. Ein paar Jungs hätten die Mädchen in der Sitzgruppe schräg vor dem Restaurant »angemacht und Sprüche gerissen«, sagt sie, aber ansonsten »war da eigentlich nichts«. Erst als immer mehr Schaulustige aufgetaucht seien, sei die Lage unübersichtlich geworden.

Eine solche Situation sei natürlich unangenehm für die betroffenen Mädchen, sagt Quendresa. Zwischenfälle dieser Art, bei denen einzelne Jungs Mädchen belästigen, seien im »Sophienhof« allerdings nicht ungewöhnlich. Gerade jetzt, im Winter, würden sich dort abends viele Jugendliche treffen. Tatsächlich tummeln sich im »Sophienhof« an diesem eiskalten Dienstagabend etliche Passanten, von denen die meisten dem Äußeren nach Schüler sein müssten.

Zumindest über eines aber kann sich seit ein paar Tagen niemand mehr beklagen: mangelnde Sicherheitsmaßnahmen. Es vergehen kaum drei Minuten, in denen vor dem »Orient Fresh« und dem »Ciao Bella« nicht Polizisten oder Mitarbeiter eines Sicherheitsdienstes patrouillieren.

Die Polizei bemüht sich derweil zu rekonstruieren, wie die vorschnelle Darstellung der mutmaßlichen Vorfälle als Tatsachen zustande gekommen ist: Der Beamte, der in der vorigen Woche die vermeintlichen Fakten verbreitete, sei in dieser Woche im Urlaub, heißt es aus der Behörde. Es sei eigentlich nicht üblich, dass Vorwürfe als Tatsachen dargestellt würden. Man müsse nun »intern aufbereiten«, wie es dazu kommen konnte.

Tatsächlich mangelte es in der fraglichen Pressemitteilung der Polizei an Wörtern wie »mutmaßlich«, »sollen«, »angeblich« – Ausdrücke, mit denen Ermittler für gewöhnlich Tatvorwürfe und vorläufige Ermittlungsergebnisse von erwiesenen Tatsachen abgrenzen. Und noch etwas war auffällig: dass in der Mitteilung die Nationalität der Tatverdächtigen erwähnt wurde. Solche Angaben galten in offiziellen Verlautbarungen von Polizeibehörden jahrelang als unüblich. So sollte verhindert werden, dass Straftaten einzelner Angehöriger einer Minderheit zu pauschalisierenden Diskriminierungen führen.

Dann kam *Köln*, der Silvesterabend 2015.

Vielleicht ging es den Kieler Polizeibeamten deshalb einfach darum, alle verfügbaren Informationen zu teilen, um nicht als Vertuscher dazustehen. So ist allerdings unklar, was Fakten sind und was Vorwürfe, was Gerüchte und was purer Unfug. Einen übergriffigen Migrantenmob jedenfalls hat es so wohl nicht gegeben, wie ein Anruf bei der Kieler Staatsanwaltschaft zeigt: Es sei noch nicht klar, ob überhaupt ein Straftatbestand erfüllt sei, sagt der Behördensprecher. Nach den bisherigen Aussagen hätten die jungen Männer die Mädchen zeitweise verfolgt, sich zu ihnen an einen Tisch gesetzt und ihnen Luftküsse zugeworfen. »Ich liebe dich«, sollen sie gesagt haben, und »Du bist so schön«.

Es dauert mehr als vier Wochen, bis die Ermittler weitere Details über den Fall bekannt geben. Die drei Mädchen seien weder gefilmt noch fotografiert worden, heißt es. Es habe auch keinen Mob gegeben, die vielen Leute im »Sophienhof« waren demzufolge wohl tatsächlich einfach nur Schaulustige.

Für betroffene Mädchen ist jede Form der Belästigung unangenehm, keine Gesellschaft sollte Übergriffe tolerieren: egal, welcher Art, egal, wer Tatverdächtige und Opfer sind. Um solche Selbstverständlichkeiten aber geht es im Fall »Sophienhof« nur am Rande. In Kiel tritt in diesem Frühjahr 2016 ein Phänomen zutage, das sich in diesen Monaten auf die ganze Republik ausweitet – wie ein Grippeerreger, gegen den es keinen Impfstoff gibt: Wird der Fall eines angeblichen Übergriffs von Zuwanderern auf Einheimische bekannt, setzt sich automatisch eine Empörungswelle in Gang, unabhängig von Unschuldsvermutung und tatsächlicher Faktenlage.

Der Zuzug Hunderttausender Migranten und die Debatten darüber scheinen zu einer Art kollektiver Radikalisierung zu führen – in Wort und Tat.

ANALYSE
VOM ENDE DER WAHRHEIT

Als ich im Juni 2015 Freital in Richtung Berlin verließ, beschäftigte mich vor allem ein Ruf der Demonstranten: »Kriminelle Ausländer – raus, raus, raus!«, hatten sie gebrüllt, als der Bus mit den Asylsuchenden vor dem Leonardo zum Stehen kam. Dann stiegen diejenigen aus, die da als »kriminelle Ausländer« angeschrien wurden, sichtlich erschöpfte Frauen, Männer und Kinder.

Wie konnte die brüllende Masse diesen für jedermann ersichtlichen Widerspruch einfach ignorieren? Die einzige Straftat, die man einigen der Businsassen hätte vorwerfen können, war vermutlich illegale Einwanderung (weil es nahezu unmöglich war, als Syrer oder Afghane formal auf legale Weise ins Deutschland des Jahres 2015 einzureisen).

Um solche juristischen Feinheiten jedoch dürfte es den Demonstranten kaum gegangen sein: Fakten waren gleich zu Beginn der Zuwanderungsdebatte zur Nebensächlichkeit verkommen und wurden zunehmend ersetzt durch Vermutungen, Verdächtigungen, Vorurteile. Auch und gerade mithilfe manipulativer Sprache.

An der Sprachschöpfung des »kriminellen Ausländers« zeigt sich diese Manipulation des Diskurses exemplarisch. Die Methode ist so einfach wie effektiv: Je häufiger von »kriminellen Ausländern« die Rede ist, desto selbstverständlicher erscheint der vermeintliche Zusammenhang zwischen beiden Wörtern. Die fatale Formel, die daraus folgt: Ausländer sind in der Regel kriminell, Kriminelle in der Regel ausländisch. Und weil ein konsequentes Vorgehen des Rechtsstaats gegen Kriminelle grundsätzlich zu begrüßen ist, kommt auch die Forderung nach einem harten Umgang mit Ausländern gut an. Weil ja beide Gruppen quasi identisch sind – jedenfalls dieser Logik zufolge, die in erster Linie Beleg ist für eines: Rassismus, der mit objektiver Wahrheit kaum etwas zu tun hat.

Der »kriminelle Ausländer« ist nicht das einzige Feindbild, das durch künstliches Nebeneinanderstellen mehrerer Wörter entstanden ist, »Lügenpresse« etwa funktioniert nach demselben Prinzip: Der Begriff liefert die gewünschte Interpretation gleich mit, nämlich, dass Journalisten angeblich grundsätzlich die Unwahrheit berichten.

Diese Methode ist simpel. Aber es gibt eine ebenso simple Methode, diese Form der Wirklichkeitsverzerrung einem Lügendetektor zu unterziehen: Streicht man den wertenden Begriffsbestandteil (in der Regel den ersten), bleibt der neutrale Wortnukleus stehen: Aus »Lügenpresse« wird »Presse«, aus »kriminellen Ausländern« werden »Ausländer«. Die Menschen in Freital haben eben nicht gegen Lügner und Kriminelle demonstriert, sie haben pauschal Stimmung gemacht gegen Migranten und Medien (wobei Letztere damit professionell umgehen können sollten, so ärgerlich und kraftraubend das auch sein mag).

Sprache gehört zu den wichtigsten Waffen in diesem Krieg gegen die Fakten. Wer Wörter verbiegen kann, vermag auch Debatten in die gewünschte Form zu zwingen. Je häufiger von »Umvolkung« statt von Migration, von »Invasoren« statt von Zuwanderern die Rede ist, desto selbstverständlicher wird der damit verbundene Rassismus Teil des kollektiven Denkens.

Leider ist das Problem ziemlich komplex, es fängt schon mit einem vordergründig unschuldigen Begriff wie dem des »Ausländers« an. Wer Wutbürgern etwa »Ausländerfeindlichkeit« attestiert, tappt bereits in die Falle. Denn die Menschen, die im Sommer 2015 in Freital gegen ihre neuen Nachbarn demonstrierten, hätten wohl kaum ein Problem gehabt mit einer Gruppe französischer Austauschschüler, tschechischer Grundschullehrer oder kanadischer Designer. Ein Schwarzer aber, auch einer mit deutschem Pass, muss durchaus befürchten, in Deutschland angefeindet zu werden. Wegen seiner Hautfarbe.

In Freital offenbarte sich weder eine begründete Sorge vor Kriminalität noch eine feindliche Gesinnung gegenüber Ausländern. Sondern Rassismus.

Dieses Beispiel zeigt, wie sehr die vielleicht wichtigste Grundlage der Debattenkultur in Gefahr ist: die Wahrhaftigkeit der Sprache. Wie soll eine Gesellschaft die gewaltige Aufgabe der Zuwanderung und Integration Hunderttausender Menschen angemessen diskutieren und bewältigen, wenn schon bei der Wortwahl kein Konsens mehr herrscht?

Offenbar schwächt solch ein kollektiver Realitätsverlust die Gesellschaft als Ganzes, während er jene Gruppen stärkt, die den Siegeszug der Unwahrheit selbst vorantreiben. So nährt etwa das Gebaren Donald Trumps als US-Präsident einen beängstigenden Verdacht: Je waghalsiger Behauptungen ausfallen, je einfacher sie als Unsinn zu enttarnen sind, desto stärker binden sie die Anhängerschaft an den Lügner und dessen Lügen. In rechten Internetforen vermehren sich beispielsweise seit Jahren die kühnsten Behauptungen darüber, welch königliche Privilegien Zuwanderer in Deutschland angeblich genießen – selbstverständlich stets auf Kosten des geschröpften kleinen Mannes, der dafür Steuern und seine kulturelle Identität opfern muss.

Ins gewünschte Narrativ verpackt werden solche Märchen mithilfe einschlägiger Vokabeln, die in völkischen, nationalen und rechtsextremen Kreisen eine spezifische Bedeutung haben und häufig für komplexe Verschwörungstheorien stehen – »Bevölkerungsaustausch« zum Beispiel, »Globalisten« oder »Schuldkult«. Allein für Migranten gibt es gleich mehrere Synonyme, allesamt voll gehässiger Ironie: »Fachkräfte«, »Goldstücke«, »Kulturbereicherer«. Wer so spricht, setzt das eigene Weltbild als unanfechtbare Realität voraus und lehnt jede sachliche Auseinandersetzung darüber ab. Der Erfolg solcher Ausdrücke in bestimmten Milieus zeugt vom Siegeszug der Lüge.

Die Krise der Wahrheit geht aber über ein sprachliches Phänomen hinaus, wie die Aufregung über die Vorfälle im Kieler »Sophienhof« zeigt. In einer Pressemitteilung der Polizei hieß es, bis zu dreißig junge Männer mit

Migrationshintergrund »belästigten, beobachteten und verfolgten die drei weiblichen jugendlichen Geschädigten.« Als sich die Sache wenige Tage später völlig anders und vor allem harmloser darstellte, war es schon zu spät: Die Geschichte vom übergriffigen Migrantenmob war in der Welt, und sie passte in das Weltbild derjenigen, die in Zuwanderern ohnehin vorrangig Kriminelle sehen. Bei vielen Menschen dürfte trotz der späteren Korrektur der ersten Meldung ein bedenklicher Eindruck geblieben sein: dass Migranten regelmäßig in großen Gruppen auf Mädchen und Frauen losgehen.

Die Debatte über den vermeintlichen Übergriff von Kiel war noch aus einem anderen Grund ein Ärgernis: weil sie Aufmerksamkeit absorbierte für eine Fata Morgana. Herbert Hoffmann aus Tangerhütte wäre sicherlich froh gewesen, wenn sich so viele Menschen über den bedrohlichen Strukturwandel in der Altmark empört hätten wie über den Übergriff in einem Einkaufszentrum, den es so nie gab.

II. HALLO HASS.
DIE QUELLEN DES ZORNS

DIE RUHE VOR DEM STURM

Freital gibt es auch in leise und friedlich. Ein lauwarmer Tag im Frühling 2016, die serpentinenartige Straße, die Treppen und der Schotterplatz auf dem Hügel am Stadtrand sind verwaist. Die kollektive Wut, die sich im vergangenen Sommer vor dem Hotel Leonardo Bahn gebrochen hatte, ist wie verflogen, als hätte sie sich in tausend kleine Löcher zurückgezogen. Vor dem Flüchtlingsheim ist nur das Zwitschern der Vögel zu hören.

Aber ist es nur leise geworden, oder hat sich die Lage auch wirklich beruhigt? Eine Antwort auf diese Frage gibt eine Passantin in einer Nebenstraße, eine ältere Dame mit Pelzkragen. Sie hebt den Zeigefinger, schüttelt den Kopf, sonst nichts. Vielleicht weiß sie selbst nicht genau, was sie sagen will. Ein weißhaariger Anwohner, der schräg gegenüber seine Einkäufe aus dem Kofferraum hebt, wird da schon deutlicher: »Mit euch redet hier keiner mehr«, schnaubt er. Gemeint sind Menschen wie ich, Journalisten.

Das Hotel Leonardo beherbergt seit einem Jahr keine Touristen mehr, sondern Flüchtlinge und Asylsuchende.

Derzeit sind es dreihundertdreißig. Die stille Wut auf diesem Hügel südwestlich von Dresden gilt nicht nur ihnen. Sie gilt den Politikern, von denen sich die Menschen im Stich gelassen fühlen. Den Medien, von denen sie sich verleumdet fühlen. Einem wie auch immer gearteten System, von dem sie sich benachteiligt fühlen. Es ist eine schwelende, gefährliche Wut. So gefährlich, dass sie ein paar Leute im Ort offenbar zu Gewalttätern werden ließ.

In den vergangenen Monaten erregte Freital regelmäßig Aufmerksamkeit, bundesweit. Unbekannte attackierten mehrere Wohnungen von Asylsuchenden mit Sprengsätzen, sogenannten »Polenböllern«, glücklicherweise gab es weder Tote noch Schwerverletzte. Wie vergiftet die Stimmung im Ort ist, zeigte sich auch bei einer Bürgerversammlung im Juli: Als sich der sächsische Innenminister Markus Ulbig im Kulturhaus den Fragen der Bürger stellte, buhten diese ihn aus. Politiker würden lügen, hieß es, die Asylsuchenden den Frieden im Ort stören. Eine Anwohnerin sagte: »Die verursachen nur Dreck und Müll und schmeißen alles aus dem Fenster.«

Natürlich leben in der Stadt nicht nur Migranten und Rassisten. Es gibt auch Freitaler, die den Hass stoppen wollen. Ein paar von ihnen treffen sich an diesem Nachmittag im Tal, in einem lichtdurchfluteten Erdgeschosszimmer in der Dresdner Straße, zehn Gehminuten entfernt vom Leonardo. Zwei Frauen und zwei Männer sitzen auf weinroten Ledersofas im Bürgerbüro der Linken, einem Raum mit hohen Decken hinter einer großflächigen Fensterfront. Das Quartett gehört zum Leitungsteam der »Organisation für Weltoffenheit und Toleranz«: der Linken-Stadtrat Michael Richter, seine Kollegin Ines

Kummer von den Grünen – und zwei alte Bekannte: Steffi und Nico Brachtel. Der Schüler hat inzwischen einen Bart und ein Parteibuch der Linken. Das vergangene Jahr hat ihn politisiert, so wie es ganz Freital politisiert hat.

Die vier wollen Zuwanderer in Freital vor Übergriffen beschützen und unterstützen, sagen sie. Dafür organisieren sie Patenschaften, Kundgebungen, Sprachkurse. Und sie blödeln und quasseln pausenlos, obwohl ihnen das Lachen längst hätte vergehen können. Im Juli warfen Unbekannte einen selbst gebauten Sprengsatz in Richters leeres Auto. Totalschaden. Wenig später explodierte der Briefkasten seiner Mitstreiter Steffi und Nico Brachtel. Die Grünen-Stadträtin Kummer berichtet von Morddrohungen und Beleidigungen, »meistens unter der Gürtellinie«.

Von führenden Politikern vor Ort ist offenbar kein klares Signal gegen die Gewalt mutmaßlicher Rechtsextremer zu erwarten: Im Stadtrat sind die Fronten seit Langem verhärtet. Während die Abgeordneten von SPD, Grünen und Linken regelmäßig die rechte Szene im Ort thematisieren, sieht die CDU-Fraktion von Oberbürgermeister Uwe Rumberg offenbar genau in solchen Äußerungen das Problem: »Sie haben dem Ruf von Freital damit nachhaltig geschadet«, hieß es etwa im November in einer Stellungnahme Rumbergs.

Die Gegenseite sieht das anders. »Rumberg schweigt nicht nur, er guckt aktiv weg«, behauptet Linken-Mann Richter. Im Februar, sagt Aktivistin Brachtel, hätten sich in der 40000-Einwohner-Stadt knapp einhundertundfünfzig Freitaler gegen eine doppelt so große Kundgebung von Asylgegnern gestellt. »Wir sind hier auf verlorenem Posten«, entfährt es Kummer. »Die meisten Freitaler schweigen, die sagen einfach nichts.« Und das sei auch Rumbergs Strategie.

Ein Anruf im Rathaus – mit der Bitte um ein Gespräch. Rumberg lehnt ab, auch der städtische Asylbeauftragte will kein persönliches Treffen, Fragen werden nur per Mail beantwortet. Das klingt dann mitunter so: »Der Asyl- und Integrationskoordinator vermittelt als Schnittstelle zwischen Stadtverwaltung und der Bürgerschaft, Unterstützungsnetzwerken sowie anderen Behörden im Landkreis, Freistaat und Bund zu den speziellen Problemlagen.« Man könnte meinen, die Stadtverwaltung wolle Probleme mit Neonazis hinter Bandwurmsätzen verbergen.

Immerhin haben Hetzer, die Sprüche wie »Rumberg töten« auf Hauswände sprühen oder sich in Facebook-Gruppen namens »Freies Tal« oder »Widerstand Freital« organisieren, zuletzt Rückschläge erlitten. Seit November hat die Polizei mehrere Mitglieder einer bürgerwehr-ähnlichen Truppe gefasst, sie nennt sich »FTL/360«, benannt nach einer Buslinie im Ort. Bei Durchsuchungen entdeckten Ermittler unter anderem Waffen und Hakenkreuzfahnen. Die Verdächtigen sitzen in Untersuchungshaft, es besteht Terrorverdacht.

Freital, das vor einem Jahrhundert als linkes Gemeinschaftsmodell entstand, hat ein Problem mit Rechten – und im Umgang mit ihnen.

Im November sicherte Rumberg in einer Stellungnahme denjenigen Freitalern seine Unterstützung zu, »die sich mit allen Mitteln der Rechtsstaatlichkeit gegen Rassismus und Extremismus einsetzen«. Er wolle es aber

zugleich nicht zulassen, »dass ein paar wenige Gewaltbereite den Ruf unserer Stadt ruinieren und ein Klima
der Unsicherheit erzeugen«.

Wie Rumberg das womöglich meinte, wurde im Februar deutlich: Als das vom Rapper Smudo unterstützte
Bündnis »Laut gegen Nazis« ein Konzert in Freital an-
kündigte und die Stadt um Unterstützung bat, lehnte der
Oberbürgermeister dies ab. »Unserer Ansicht nach würde die von Ihnen angedachte Veranstaltung nicht nur zu
einer Aufheizung der öffentlichen Debatte führen«, hieß
es in einer Mail im Auftrag Rumbergs, »sondern das leider überregional bei manchen eingebürgerte Klischee,
gerade in Freital gäbe es eine nennenswerte (Neo-)Nazi-
Szene, bestätigen.«

Um das Konzert kümmern sich nun Ines Kummer und
ihre Mitstreiter. Die Grünen-Politikerin kann Rumbergs
Absage nicht fassen, wie sie sagt: Die Stadt verpasse die
Chance, mit dem Konzert positive Schlagzeilen zu machen – schließlich könne Freital auch wirtschaftlich von
den anreisenden Konzertbesuchern profitieren.

Dass das dringend nötig wäre, weiß auch ein weißhaariger Mann, der zwei Straßen weiter am Tresen seines Gasthauses steht. Karsten Meier, der eigentlich anders heißt, starrt in den leeren Speiseraum, nur eines von
fünfzehn Zimmern ist an diesem Tag belegt. »Die Reso-
nanz ist gesunken seit dem vergangenen Jahr«, sagt Meier, »so zwanzig Prozent weniger könnten es wohl sein.«
Das habe nicht nur mit dem Streit über die Flüchtlinge
zu tun, ruft aus der Küche seine Frau, aber von der Hand
weisen lasse sich der Zusammenhang natürlich nicht.

Tatsächlich ist der Tourismus in der Region seit den

Anti-Asyl-Demos nach jahrelangem Wachstum dramatisch eingebrochen: Die Übernachtungszahlen im Sächsischen Elbland sind dem Landesstatistikamt zufolge um
fast fünf Prozent gesunken, bei ausländischen Touristen
sogar um 8,2 Prozent. Die Auslastungsquote in Freital
lag laut Statistischem Landesamt 2015 durchschnittlich
bei lediglich 22,5 Prozent.

Bleibt die Frage, wie sich das Image Freitals wieder
aufpäppeln ließe.

Vielleicht mit Leuten wie Stefan Vogl. Der Geschichtslehrer steht an diesem Abend in der Dreifachturnhalle
des Weißeritzgymnasiums und wippt auf den Zehenspit-
zen. Im Hintergrund werfen sich junge Eritreer, Kosova-
ren und Syrer Bälle zu, Vogl lächelt beglückt. »Hier kommen alle gut miteinander aus«, sagt er, er nennt seinen
Feierabendeinsatz »ein Gebot der Menschlichkeit«.

Vogl schildert euphorisch, wie das Konzept funktioniert: Einmal pro Woche kommen ein paar Dutzend
junge Flüchtlinge zum Sportabend im Stadtteil Deuben.
Die Organisatoren sind freiwillige Helfer des »Willkom-
mensbündnisses Freital«, das sich seit Anfang 2015 für
Migranten einsetzt. Mittwochs Sport, samstags Singen
und Tanzen, außerdem Wanderungen, Deutschkurse, Patenschaften. Solche Angebote werden auch in Zukunft
dringend nötig sein: Derzeit leben 619 Flüchtlinge in der
Stadt, bis Ende 2016 sollen es 1049 sein.

Um Politik gehe es aber nicht, sagt Lehrer Vogl. Die
Debatte in Freital werde ja schon ausreichend hitzig geführt: »Wir haben hier unterschiedliche politische Auf-
fassungen.« Er lege Wert darauf, ein Sportangebot für jedermann anzubieten, »keine politische Demonstration«.

Das ist ein unaufgeregter Ansatz, aber diese Form der Schweigediplomatie wird die Probleme in Freital wohl kaum lösen. Und das Klima in der Stadt hat sich seit dem Zuzug der Asylsuchenden längst verändert – obwohl es nicht die Zuwanderer waren, von denen die Gewalt ausging. Was wird erst los sein in Deutschland, wenn ein Flüchtling zum Täter wird, wenn es vielleicht sogar Tote gibt?

Genau das wird wenig später geschehen.

PANIK?
PRAGMATISMUS!

Andreas Schieber hockt auf vier übereinandergestapel-
ten Holzpaletten und kneift die Augen zusammen. »Hier
vorne«, sagt der 51-Jährige und zeigt auf eine Wasser-
lache vor ihm, »hat er die Spaziergängerin getroffen.«
Viel ist nicht mehr zu sehen von dem, was sich wenige
Stunden zuvor auf dem Parkplatz vor der Lagerhalle im
äußersten Süden von Würzburg zugetragen hat. Schieber,
der eigentlich einen anderen Namen trägt, hilft nach. Der
Franke, ein Mann mit dichtem Schnauzbart und kurzer
Hose, zückt sein Handy und wischt durch einige Fotos.
Durch das Grauen der vergangenen Nacht. Die Bilder
zeigen, wie es am frühen Morgen hier aussah, als der
Niederlassungsleiter zu dem Außenlager eines Hei-
zungsunternehmens kam: Blaue Einweghandschuhe la-
gen auf dem Boden, daneben zerknüllte Stofffetzen. Und
viel Blut.

Was am Vorabend passiert war, hat die Polizei inzwischen rekonstruiert, zumindest in groben Zügen: Um
kurz vor 21 Uhr stieg am Montag, einem warmen Julitag,
ein 17-jähriger Junge namens Riaz Khan Ahmadzai in

Ochsenfurt in den Regionalzug nach Würzburg. Auf der Zugtoilette holte der Teenager eine Axt und ein Messer aus seinem Rucksack und verletzte damit anschließend vier Mitglieder einer Familie aus Hongkong schwer. Ein Fahrgast stoppte den Zug mit der Notbremse, Ahmadzai stieg aus und lief durch ein Wohngebiet bis zum Parkplatz vor der Lagerhalle von Andreas Schieber, wo er auf zwei Frauen mit einem Hund traf. Einer der beiden schlug Ahmadzai zweimal mit der Axt ins Gesicht, dann eilte er querfeldein zum nahen Mainufer, wo er wenig später auf zwei ihn verfolgende SEK-Beamte losging und von ihnen erschossen wurde.

Die vorläufige Bilanz der Tat: ein toter Angreifer, fünf schwer verletzte Opfer.

Erste Hinweise auf ein Motiv des Täters erreichten die Polizei schon mit dem ersten Notruf: Auf der Aufnahme zu hören ist den Ermittlern zufolge der Ausruf »Allahu akbar«, »Gott ist groß«. Zudem trug Ahmadzai während seines Amoklaufs ein T-Shirt mit arabischen Schriftzeichen, die denen auf Fahnen der Terrororganisation »Islamischer Staat« ähneln sollen. War der Attentäter ein Islamist?

Die Polizei lädt am Tag nach der Tat zu einer Pressekonferenz in einen schmucklosen Funktionsbau in Würzburg. Lothar Köhler, Bayerns oberster Staatsschützer und Terrorismusbekämpfer, weiß schon recht viel über Ahmadzai, der ersten Erkenntnissen zufolge aus Afghanistan stammen soll: Der junge Mann sei gläubiger Sunnit gewesen, aber nicht regelmäßig in die Moschee gegangen. In einem Collegeblock im Zimmer des Jugendlichen hätten Ermittler eine »etwas kryptische Botschaft«

gefunden, sagt Köhler. Ein Übersetzer halte sie für einen Abschiedsbrief des Jungen an seinen Vater, darin heiße es unter anderem: »Und jetzt bete für mich, dass ich mich an diesen Ungläubigen rächen kann, und bete für mich, dass ich in den Himmel komme.«

Noch beunruhigender an dem, was Köhler und andere Ermittler an diesem heißen Sommertag erzählen, ist die Vorgeschichte des Extremisten Ahmadzai. Denn die gibt es offenbar nicht – sondern nur die Vorgeschichte des höflichen Flüchtlings Ahmadzai: »Dieser 17-jährige Afghane war polizeilich ein völlig unbeschriebenes Blatt«, sagt Köhler. Der Jugendliche hatte am 30. Juni 2015 bei Passau die Bundesrepublik erreicht, am 16. Dezember Asyl beantragt und am 31. März 2016 eine Aufenthaltsgenehmigung erhalten. Die Ermittler sagen, dass er sich wohl erst wenige Tage vor seinem Angriff zum Islamisten radikalisiert habe – nachdem ein enger Freund in Afghanistan ums Leben gekommen sei.

Zuvor hatte der Flüchtling Ahmadzai südlich von Würzburg monatelang ein unauffälliges Leben gelebt. In Ochsenfurt, einem Städtchen voller Kopfsteinpflastergassen und mittelalterlicher Bauwerke. Wie reagieren die Ochsenfurter? Werden sie in Panik ausbrechen, Bürgerwehren bilden, aufgebracht gegen religiösen Fanatismus und Zuwanderung demonstrieren?

Am nächsten Vormittag wuselt Simone Barrientos hektisch in ihrem Büro in der historischen Altstadt von Ochsenfurt herum. »Wir waren uns eigentlich alle einig, dass es nicht sein kann«, sagt die 52-Jährige und gießt sich zum zweiten Mal binnen zehn Minuten Kaffee in ihre Tasse. Dass ein Flüchtling aus der Stadt zum Attentäter wird, dass ein völlig friedlich wirkender Teenager Amok läuft, dass ausgerechnet Ochsenfurt zum Ausgangspunkt islamistischen Terrors wird. All das ist für sie unbegreiflich.

Barrientos ist Verlegerin, Mitglied der Linken und des »Helferkreises Ochsenfurt«, der sich vor allem für unbegleitete minderjährige Flüchtlinge engagiert, für Menschen wie Riaz Khan Ahmadzai. Die Organisation besteht aus etwa hundert Freiwilligen, insgesamt gibt es knapp zweihundert ehrenamtliche Helfer in der Stadt – rein rechnerisch einen pro Flüchtling. Für einen Ort mit gerade mal elftausend Einwohnern ist das beachtlich, man könnte sagen: vorbildlich. Und jetzt, nach diesem Anschlag? »Jetzt bleibt nur Schweigen«, sagt Barrientos – »und es bleiben Fragen.«

Die Antworten soll sie liefern. Darauf setzen jedenfalls viele Reporter, weil Barrientos als Kennerin der Helferszene und der Flüchtlings-Community gilt. In einer Hand hält sie ihre Kaffeetasse, in der anderen abwechselnd Zigarette und Telefonhörer. Ein paar Zeitungen und einer Handvoll TV-Sendern hat sie bereits Interviews gegeben. Vor der Tür ihres Hauses, dem gelb gestrichenen Kulturzentrum »Kemenate«, stehen die Kamerateams trotzdem immer noch Schlange.

Wenn sie doch einmal kurz zur Ruhe kommt, wirkt die redselige Aktivistin plötzlich nachdenklich. »Etliche der Flüchtlinge suchen gerade eine Wohnung oder einen Ausbildungsplatz«, sagt Barrientos. Ahmadzais Tat sei daher in vielerlei Hinsicht schrecklich, mit unabsehbaren Folgen für andere Asylsuchende: »Viele haben die

Sorge, mit ihm in einen Sack gesteckt zu werden«, sagt die Aktivistin. Manche Zuwanderer in der Stadt seien nun traurig, andere wütend.

Diese Gefühle sind nachvollziehbar, die Ratlosigkeit auch. Denn der Terrorist von Würzburg war keiner, der seinen Bekannten etwa als verschlossen oder aggressiv aufgefallen war. Ganz im Gegenteil. Riaz Khan Ahmadzai lebte in Ochsenfurt, bevor er vor zwei Wochen zu einer Pflegefamilie ins nahe Gaukönigshofen zog. Ein Jahr nach seiner Ankunft in Passau hatte er eine Aufenthaltsgenehmigung, ein Praktikum, eine Lehrstelle in Aussicht. Er war ein Vorzeigeflüchtling in einem Vorzeigestädtchen.

Im Rathaus dieses Vorzeigestädtchens, einem pastellroten Prachtbau am Marktplatz, empfängt Peter Juks ein paar Journalisten. Der 51-Jährige, rotblonder Bart und kariertes Hemd, sitzt an einem massiven Holztisch im großen Sitzungssaal und macht sich Sorgen. Bislang, sagt er, seien die Ochsenfurter äußerst offen und gelassen im Umgang mit Asylsuchenden gewesen. Zudem hätten sich gerade die 26 minderjährigen Flüchtlinge in Ochsenfurt engagiert – etwa in Sportvereinen. »Ich hoffe, dass jetzt nicht alles kippt«, sagt er. »Die Ängste und Zweifel, die jetzt aufkommen, kann man nur durch Gespräche entkräften.« Er habe sich bereits mit den Sprechern der Ochsenfurter Helferkreise getroffen, um über das weitere Vorgehen zu sprechen. Das Ergebnis, sagt Juks, sei eindeutig: »Die Helfer wollen jetzt noch aktiver werden.«

Am Mittag läuft Simone Barrientos durch die Mittagshitze zum Auto, ihr Ziel: eine Kundgebung in Würzburg, organisiert von Flüchtlingen aus Ochsenfurt. »Nicht in meinem Namen« lautet das Motto, denn die Asylsuchenden ahnen: Für viele stehen sie jetzt endgültig unter Generalverdacht.

Es ist ein Verdacht, der inzwischen das ganze Land erfasst hat. Der Hass auf alles angeblich Fremde, der in Orten wie Freital früh ausgebrochen war, ist beileibe kein rein sächsisches Phänomen. Inzwischen greift der Rassismus auch in Westdeutschland weiter um sich – auch dort, wo niemand wohnt, der als »abgehängt« gelten dürfte.

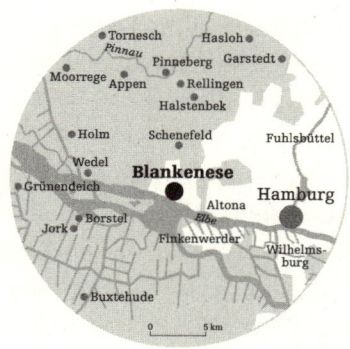

DER RASSISMUS DER REICHEN

Die Kampfzone von Blankenese ist inzwischen abgesperrt. »Gesichertes Objekt« steht an den Bauzäunen rund um den kargen Sandplatz am Ende des Björnsonwegs, als lagerten dort seltene Bodenschätze. Um Rohstoffe geht es hier, im schicken Westen von Hamburg, aber nicht. Es geht um Menschen.

So sieht die Sache zumindest Albrecht Hauter, ein weißhaariger Herr in rotem Rentnerjäckchen. Hauter spaziert an diesem Herbsttag den Zaun am Ende des Björnsonwegs entlang, er macht ein düsteres Gesicht. »Hier könnten längst Häuser stehen«, raunt er, »dann könnten die Flüchtlinge bald einziehen, Kinder würden auf der Straße spielen.« Doch außer Sand und Gestrüpp ist hinter der Absperrung nichts zu sehen, dank einiger gewiefter Nachbarn: Vor ein paar Monaten, im April 2016, verhinderten sie den Bau der Unterkünfte mit einer Straßenblockade, dann zog ein Anwohner vor Gericht.

Seitdem liegen die Juristen im Dauerstreit. Und die Pläne für die Neubauten brach.

In Blankenese verweigern wohlhabende Menschen

Hilfsbedürftigen die Solidarität, das ist eine Lesart dieser Geschichte. Die andere, von manchen Anwohnern verbreitete, handelt vom Kampf der Blankeneser gegen Behördenwillkür – und für Naturschutz.

Der Björnsonweg grenzt an ein Landschaftsschutzgebiet, zweiundvierzig Sträucher und Bäume sollen den insgesamt acht Wohnpavillons für 192 Asylsuchende weichen. Das wollen einige Anwohner verhindern, am Ende wird wohl das Oberverwaltungsgericht das letzte Wort haben. Eine Frage aber wird kein Richter beantworten können: ob es den Gegnern der Unterkünfte um die Flora geht – oder um Angst vor Zuwanderern.

Albrecht Hauter grinst breit, wenn er erzählt, dass die Polizei schon vor einem halben Jahrhundert regelmäßig wegen zugezogener Unruhestifter ins Viertel ausgerückt sei: Im Wintersemester 1964, zu Beginn seines Lehramtsstudiums, sei er in ein Studentenwohnheim genau auf jenes Gelände gezogen, über das die Nachbarn heute so erbittert streiten. »Da«, sagt er und zeigt auf ein paar Bäume, »stand damals mein Bett.«

Die wilden Feten der rund hundert Studenten hätten manche Anwohner arg gestört, sagt Hauter, mit Straßenblockaden hätten sie trotzdem nicht reagiert. Als er 1991 wieder in den Björnsonweg gezogen sei, diesmal als Vater mit Frau und Kindern, wohnten auf dem Gelände schon wieder Neulinge: Asylsuchende aus Afghanistan, Iran, Jugoslawien. »Gegner hat es schon damals gegeben«, sagt Hauter, »aber es waren nicht so viele.« Einmal habe ein Nachbar ein Straßenschild beschmiert. Aus dem Schriftzug »Vorsicht, spielende Kinder« sei durch einen Strich geworden: »Vorsicht, elende Kinder.«

Es blieb ein Einzelfall, bis das Flüchtlingsheim 2008 verschwand und die Stadt das Gelände der Natur überließ. Seine Kinder hätten jahrelang mit Kindern von Zuwanderern gespielt, sagt Hauter: »Wir haben das als sehr belebend empfunden – und es hat fast zwanzig Jahre lang sehr gut funktioniert.«

Warum sollte das jetzt anders sein?

Offenbar, weil es wieder Zugezogene im Viertel gibt. Keine Ausländer, keine Studenten – sondern wohlhabende Deutsche. Viele von ihnen wohnen schräg gegenüber der umzäunten Brachfläche in weiß verputzten Wohnblöcken, die dort erst vor einigen Jahren entstanden sind. In Blankenese ist die Gesellschaft offenbar tatsächlich gespalten: Am Beginn des Björnsonwegs stehen viele alte Reihenhäuser, hier wohnen Menschen wie Albrecht Hauter. Am Ende der Straße stehen schicke Neubauten, dort leben Hauter zufolge die Gegner des Asylheims.

Seine Nachbarn, sagt der Pensionär, seien alle für das Flüchtlingsheim, »oder jedenfalls neutral«. Spätestens seit der Straßenblockade hätten sie aufgehört, an eine einfache Lösung des Konflikts zu glauben – erst recht, nachdem der Fall vor dem Verwaltungsgericht gelandet war. »Das mag ja alles legal sein«, sagt Hauter, »aber dass das auch legitim ist, glaubt hier fast keiner.«

Einmal, sagt Hauter und streicht durch seine weißen Bartstoppeln, sei er auf einer Art Anwohnerversammlung gewesen. Es war der bis heute einzige Versuch eines direkten Austauschs zwischen Gegnern und Befürwortern der Flüchtlingsunterkunft. Einige Nachbarn hätten etwa über den Geruch von Flüchtlingen referiert, seitdem habe es keine Gespräche mehr gegeben.

»Dialog is nich«, sagt Hauter, »die wollen wohl ihre Ruhe haben.« Er glaube zwar, dass viele inzwischen ein schlechtes Gewissen hätten, weil sie wüssten, dass ihr Verhalten egoistisch sei. Gesprochen werde trotzdem nicht mehr, höchstens noch höflich gegrüßt. »Der Dialog ist gescheitert«, entfährt es Hauter seufzend, »jetzt entscheiden halt die Gerichte.«

Was sagen die Gegner der Flüchtlingsunterkünfte dazu, die am anderen Ende der Straße wohnen? Viele wollen über die Sache lieber nicht mit einem Reporter sprechen, andere bringen durchaus sachliche Argumente vor: Kritik am Genehmigungsverfahren, Sorge um zur Fällung vorgesehene Bäume, Hinweise auf die schwache Infrastruktur für so viele neue Nachbarn. Einige machen aus rassistischen Ressentiments gegenüber Asylsuchenden keinen Hehl, andere signalisieren Verständnis für die Pläne der Stadt. Plötzlich wirkt die Nachbarschaft nicht mehr in zwei Lager gespalten – sondern in vielleicht zehn, zwanzig oder hundert.

Warum sprechen die Blankeneser nicht offen über das Thema, warum gibt es keine regelmäßigen Nachbarschaftstreffen oder Anwohnerversammlungen? »Das Thema ist irre hochgekocht worden«, sagt eine Frau mit Fellkragenmantel und streng gebundenem Zopf, die ihren Namen nicht nennt. Schuld an der verfahrenen Situation sind demzufolge vor allem Politiker und Journalisten: Die Geschichte von der Straßensperre im April sei ein Märchen, sagt die Frau, »ich habe keine Blockade gesehen.« Und über die Pläne für die Unterkünfte hätte die Stadt mit den Anwohnern vorab nie gesprochen. »Man stand plötzlich mit dem Rücken zur Wand«, sagt sie und nennt die Klage den »einzigen Weg, seine Meinung zu äußern«. Man müsse ja ansonsten kollektive Schelte fürchten: »Wenn einer 'nen kritischen Mucks gesagt hat, wird er sofort angeprangert.«

Es ist ein Argument, das in ähnlicher Form auch im sächsischen Freital kursiert: die Angst vor einem scharf sanktionierenden »Meinungskartell«. Eine linksliberale »Meinungsdiktatur«, gegen die auch heftiger Widerstand legitim ist. In Sachsen wird gebrüllt, in Hamburg wird geklagt.

Am Björnsonweg ging das Konzept auf: Ein besonders engagierter Gegner des Asylheims stoppte die Bauarbeiten mit einem Eilantrag, nun muss das zuständige Bezirksamt Altona eine neue Genehmigung ausarbeiten. Doch was, wenn Anwälte das Projekt erneut vereiteln?

Für Helga Rodenbeck wäre das eine Katastrophe. Die Pädagogin, eine Dame mit grellblonden Locken und guter Laune, empfängt in einem verglasten Wintergarten im Ortskern. Dort, im Pfarrhaus neben der Marktkirche, steuert Rodenbeck die Flüchtlingsarbeit in Blankenese – obwohl im kompletten Stadtteil bislang keine einzige Gemeinschaftsunterkunft für Asylsuchende steht. Rodenbeck will das ändern, mit Gesprächen. »Mir fällt es leicht, auf die Menschen zuzugehen«, sagt sie.

Seit dreiundzwanzig Jahren geht Rodenbeck auf Menschen zu. Damals, als sie ihr Büro noch am Björnsonweg hatte, gründete sie den Flüchtlingshilfeverein »Runder Tisch Blankenese«. Und erst vor ein paar Monaten organisierte sie die erste große Demo für die Errichtung der geplanten Unterkunft. Laut Polizeiangaben kamen fast achthundert Hamburger, doch eine breite gesellschaftliche Debatte blieb aus. Stattdessen grüßen einige Blankeneser nun Rodenbeck nicht mehr. Sie sagt: »Ich habe auch mal ein Schreiben bekommen, da stand drin: ›Kehr vor deiner eigenen Haustür!‹«

Das Problem, sagt Rodenbeck, sei die Polarisierung. Im Grunde gebe es nur drei gesellschaftliche Gruppen: Hardliner, die gegen Asylheime vor Gericht ziehen; Engagierte, die Flüchtlingen helfen; Unbeteiligte, die ihre Ruhe haben wollen. So seien etwa zur letzten Demo für das Flüchtlingsheim vor allem Aktivisten aus anderen Stadtteilen gekommen, das sei kontraproduktiv. Um den Konflikt in Blankenese zu lösen, helfe nur eines: reden.

Sie werde nun gezielt Blankeneser zum Frühstück einladen und mit ihnen über Asylsuchende sprechen, außerdem sollen ein Flüchtlingsstammtisch und eine Begegnungsstätte entstehen, das »Bunte Haus«. »Es gibt aber vielleicht eine Handvoll Menschen, die ich trotzdem nicht knacken werde«, räumt Rodenbeck ein. Isolieren wolle sie diese Leute nicht, sagt sie. Aber sie habe kein Verständnis für die Forderung, dass alles so bleiben soll, wie es ist: »So ist unsere Welt nicht mehr.«

Und genau das ist aus Sicht vieler Verunsicherter ein zentrales Problem.

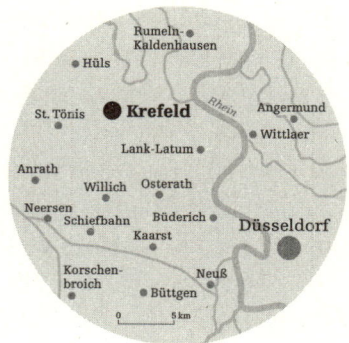

IM KELLER DES KATA-STROPHISMUS

Der Weg in die Sicherheit ist kurz. Rechts hinter der Haustür die Kellertreppe runter, weiter in den Gang, dann direkt rechts durch die Holztür. Bastian Blum geht diesen Weg regelmäßig. Denn der kleine Kellerraum unter seiner Wohnung im Norden der Krefelder Innenstadt soll ihm, seiner Frau und dem fünf Monate alten Sohn im Ernstfall das Leben retten.

In der keilförmig zum Fenster zulaufenden Kammer hortet Blum alles, was aus seiner Sicht nötig ist: Schutzhelme und Seile, Trockennahrung und Kanister, Wolldecken, Gaskocher, Desinfektionsmittel. »Ich brauche das alles, um im Krisenfall autark leben zu können«, sagt er an diesem Dezembertag und blickt stolz auf die Vorräte in seinen Kellerregalen.

Blum sieht eigentlich nicht aus wie einer, der Angst haben müsste. Der 36-Jährige ist ein Baum von Mann mit hoher Stirn und Dreitagebart – und einer von Zehntausenden deutschen Preppern. Der Begriff lehnt sich an das englische Wort »to prepare« an, vorbereiten. Prepper sind Menschen, die sich akribisch gegen Katastrophen und

57

Krisen aller Art schützen wollen. Die sich vernetzen, mit teurer Spezialtechnik eindecken, mitunter gigantische Nahrungsvorräte anhäufen, oft sogar Waffen deponieren.

In den USA ist dieses Phänomen schon seit einer ganzen Weile bekannt, seit einiger Zeit gibt es auch in Deutschland immer mehr Prepper – wohl auch angesichts von Terrorbedrohung und Erderwärmung. Womöglich ist die Szene eine Art Seismograf für den Zustand einer Gesellschaft, für ihre Zukunftsängste und existenziellen Sorgen. Und sie ist ebenso vielfältig: Denn nicht alle Prepper sind angstbesessene Fanatiker, manche sind auch pragmatische Vorsorge-Vollprofis.

So wie Blum.

Der Facility Manager arbeitete für den Katastrophenschutz und das Technische Hilfswerk, ließ sich zum Rettungssanitäter ausbilden und hilft in seiner Freizeit bei der Feuerwehr. Er glaubt an Leitfäden und Listen, seit 2008 ist er Prepper und beschäftigt sich mit Worst-Case-Szenarien aller Art: ein Erdbeben, eine Überschwemmung, die Explosion eines Chemiewerks – wie rüstet man sich gegen solche Katastrophen?

Mit kühlem Kopf und klaren Prioritäten, sagt Blum. Jeder Bundesbürger müsse sich zwei bis drei Wochen lang unabhängig versorgen können, bis der staatliche Katastrophenschutz funktioniere. Wie zum Beweis holt er ein Päckchen mit eingeschweißtem weißen Brei aus dem Kühlschrank, der an einer Holzwand im Keller steht. »Dieses Spezialmüsli habe ich selbst gemacht, es besteht nur aus Haferflocken, Zucker und Magermilchpulver. Einhundert Milliliter heißes Wasser drauf, schon ist eine nährstoffreiche warme Mahlzeit fertig.«

Viel wichtiger als Nahrung sind Blum zufolge jedoch andere Dinge, die in seinen Kellerregalen geschichtet, gereiht und gestapelt sind: Filter zum Reinigen von vierzigtausend Litern Wasser, ein Notfallradio mit Kurbel, Medikamente und Verbandszeug, Decken und Kerzen. Falls er das Lager im Ernstfall nicht erreicht, weil er zu weit weg von zu Hause ist, kann Blum auch auf ein Zweitdepot bei Moers ausweichen, keine fünfzehn Kilometer nördlich seiner Krefelder Wohnung.

Blum ist kein Apokalyptiker, der etwa Meteoritenhagel oder Ufo-Invasionen fürchtet. Er will für vergleichsweise wahrscheinliche Krisen wie Orkane vorbereitet sein. Denn die könne man gut vorbereitet durchstehen: »Wir sind nicht sofort am Arsch«, sagt Blum. »Ich mache das alles nur, um mein Leben entspannt genießen zu können.«

Blum differenziert: Das derzeitige Asylchaos schärfe zwar das Bewusstsein für mögliche Krisen, zuständig seien dafür aber Politiker und Sicherheitskräfte. Und gegen Anschläge könne ein Prepper sowieso nichts ausrichten. »Ein Terrorist findet immer seinen Weg.« Deshalb hält Blum wenig von Pistolen zur Selbstverteidigung: »Wir müssen uns auch nach dem Terror von Paris nicht alle Waffen zulegen.«

Die größten Gefahren sieht er in der globalen Digitalisierung und im Klimawandel: Hacker könnten riesige Datenmengen erbeuten, Umweltkatastrophen ganze Metropolen auslöschen. »Am wahrscheinlichsten ist derzeit ein Blackout, wenn etwa Kriminelle das Stromnetz sabotieren«, sagt er und legt sein Milchpulvermüsli wieder in den Kühlschrank.

Was manche für die Ansichten ängstlicher Spinner halten, entspricht offiziellen Empfehlungen: Nach dem Ende des Kalten Krieges hatte Deutschland den Zivilschutz massiv zurückgefahren, doch seit den Anschlägen vom 11. September 2001 dreht sich die Stimmung wieder. Mit dem Bundesamt für Bevölkerungsschutz und Katastrophenhilfe gibt es sogar eine eigene Behörde, die Einkaufslisten für den Krisenfall herausgibt – und allen Deutschen empfiehlt: »Ihr Ziel muss es sein, vierzehn Tage ohne Einkaufen überstehen zu können.«

Das ist auch Blums Ziel, seine Mission lautet: Deutschland soll vorsorgen. Daher hat er im Sommer 2013 die »Prepper Gemeinschaft Deutschland« gegründet, kurz PGD. Die erreicht laut Blum etwa sechstausend Menschen pro Tag, seine Webseite nennt er »das größte Prepper-Fachportal im deutschsprachigen Raum«. Insgesamt, sagt er, gebe es deutschlandweit schätzungsweise einhundertfünfzigtausend Prepper.

Und Blum zufolge werden es mehr. Die Auswirkungen von Klima-, Finanz- und Asylkrise nehme er deutlich wahr: »In den vergangenen zehn Monaten«, sagt er, »hat sich die Zahl unserer Anhänger im Netz mehr als verdoppelt.« Belegen kann er das nicht, weil es weder Mitgliederlisten noch offizielle Zahlen gebe. Aber die Szene sei äußerst aktiv: Jeden Sonntag etwa tauschten sich Prepper in einer offenen »Talkrunde« online über die neuesten Trends aus, zudem gebe es Workshops, lokale Treffen, Tauschbörsen.

Nicht alle sind in Blums Gemeinschaft willkommen: »Vor allem Verschwörungstheoretiker sind ein Problem«, sagt er, »aber von denen grenzen wir uns klar ab. Krisen nehmen nämlich keine Rücksicht auf Religion oder Politik.« Hinzu kämen die sogenannten Doomer: So heißen in der Szene Waffennarren, die laut Blum »auf eine Katastrophe warten und sich dann mit Gewalt profilieren wollen«.

Blum wartet auf keine Katastrophen, aber er rechnet mit ihnen. Wenn ein starker Sturm angekündigt ist oder er den Großraum Krefeld verlässt, packt Blum seinen olivgrünen »Notfallrucksack« ein. Darin stecken etwa Trinkwasserbeutel, ein Radio, Kohletabletten. »Wenn alles zusammenbricht, kann ich damit sicher nach Hause laufen«, sagt Blum und lächelt glückselig.

Die Welt der Prepper erinnert ein wenig an ein Phänomen aus der Zeit vor dem Ersten Weltkrieg, von dem schon Kinder im Geschichtsunterricht erfahren: diese Vorahnung, dass es bald vorbei sein könnte mit Friede-Freude-Eierkuchen. Es gibt zig Bücher darüber, wie Anfang des 20. Jahrhunderts eine regelrechte Lust auf die Apokalypse um sich griff, deren zerstörerische Kraft sich vier Jahre lang auf den Schlachtfeldern Europas entlud.

Was, wenn sich im frühen 21. Jahrhundert erneut eine solche Vorfreude ausbreitet?

Damals kam es zu dieser Radikalisierung in Wirtsstuben und auf Marktplätzen, heute spielt sie sich vor allem in den Winkeln des Internets ab. Vielleicht ist das Web jener Ort, in dem sich die großen Verwerfungen des 21. Jahrhunderts zuerst ankündigen – unterstützt von unsichtbaren Kämpfern, die mit digitalen Mitteln die analoge Realität bekämpfen. Mit bedenklichen Folgen.

HASS AUS DEM NICHTS

Als der Heilsbringer den Saal betritt, erheben sich die Genossen. Frenetische Rufe, dichtes Gedränge, minutenlanger Applaus. Langsam schiebt sich der Umjubelte durch die Menge, kritzelt einem Fan »Für Lars« auf sein Porträtfoto, schreitet schließlich zum Rednerpult. Die Leute wedeln mit »Schulz jetzt«-Plakaten und »Martin kann Kanzler«-Pappschildern. Martin Schulz lächelt gönnerhaft. Und genießt.

Der Mann, um den es eigentlich an diesem kalten Februarabend 2017 im »TextilWerk Bocholt« gehen sollte, sitzt derweil in der ersten Reihe und klatscht: Thomas Purwin. Vor einigen Monaten hatte SPD-Chef Sigmar Gabriel ihm einen Besuch versprochen, Gabriels Nachfolger Schulz übernahm das Versprechen und lässt sich nun von den Sozialdemokraten in der westfälischen Stadt feiern – ausgerechnet an jenem Tag, an dem die Partei erstmals seit vielen Jahren in einer Umfrage wieder stärkste Kraft im Land ist, noch vor CDU und CSU. Was für eine Momentaufnahme.

Der Besuch des Kanzlerkandidaten in Bocholt war als

Zeichen der Solidarität gedacht: Wegen anonymer Morddrohungen von Rechtsextremen hatte Purwin im vergangenen Jahr erst einen Parteitag abgesagt und dann sein
Ehrenamt als Chef der Bocholter SPD niedergelegt.

An diesem Abend steht Purwin ein vorerst letztes Mal
auf einer Parteitagsbühne, nimmt ein paar Abschieds-
geschenke von seinen Genossen entgegen, dann geht er
noch einmal ans Rednerpult. »Jeder Einzelne muss aufpassen, was mit dem Ehrenamt und unserer Demokratie passiert«, sagt er, »wir dürfen als Gesellschaft nicht
schweigen!«

Purwin erhält braven Applaus, wie ein historischer
Moment wirkt das alles aber nicht. Dabei ist die Geschichte des Ex-Ortsvorsitzenden Purwin wichtig: Während Leute wie Martin Schulz von Bodyguards, Social-
Media-Profis und Krisenmanagern umschwirrt werden,
sieht es am Fundament der Demokratie ganz anders aus.
Lokalpolitiker arbeiten meist ehrenamtlich, die Lasten
öffentlicher Ämter müssen sie mehr oder weniger allein
tragen. Purwins Rücktritt wirft deshalb eine wichtige
Frage auf: Können die Gegner der freien Gesellschaft sie
im Schutz der Anonymität aushöhlen?

Früher, als die rechtsextreme NPD noch in mehreren
Landtagen saß, da gab es regelmäßig Bilder von krakeelenden Glatzköpfen, die mit ihren schwarzen Springer-
stiefeln über das Kopfsteinpflaster der Innenstädte
trampelten. Inzwischen ist die AfD die tonangebende
Partei im rechten Spektrum, und rassistische oder natio-
nalistische Ideen verbreiten sich längst nicht mehr nur
auf Parteitagen und Kundgebungen. Sondern auf Facebook und YouTube, in Blogs und Foren. Und oft anonym.

Die erste Hassmail erhielt Purwin, der hauptberuflich Standesbeamter ist, an einem Sonntag im Oktober. Absender: »adolf.hitler«. Man werde ihm auf dem Heimweg vom anstehenden Parteitag »den verfickten Judenschädel einschlagen«, schrieb der oder die Unbekannte. Purwin sagte die Versammlung ab, doch die Hassmail-Flut gegen ihn und andere Lokalpolitiker ebbte nicht ab.

»Ihr Ratsjuden seid das letzte Pack auf diesem Planeten und alle Bocholter wären froh diesen Krebs der Stadt endlich loszuwerden.«

»Solte ich sie mal auf offener Straße sehen würde ich keine Sekunde zögern ihnen ein Messer in den Hals zu rammen. Sieg HEIL.«

»Deutschland braucht terroranschlag bis die eliten vom volk gehängt werden.«

Anfang Dezember richtete sich eine solche Nachricht erstmals gegen Purwins Frau und seine Tochter. Der 35-Jährige erklärte noch am selben Tag seinen Rücktritt als Parteichef.

Bocholt, das sind laut offiziellen Angaben 74 490 Einwohner und sechsundfünfzig Sportvereine, es gibt dreihundertfünfzig Einzelhändler sowie zweihundertsechzehn Kilometer Radwege, die Arbeitslosenquote liegt bei 4,3 und der Ausländeranteil bei 7,86 Prozent, im Ort leben siebenhundertsechzig Flüchtlinge. Bocholt, das ist pure Durchschnittlichkeit, alles hier scheint normal zu sein, unauffällig, prototypisch.

Wie kommt so viel Hass in solch eine Stadt, und was macht er mit den Menschen, die dort leben?

Das Thema beschäftigt die Bocholter jedenfalls, das zeigt sich am Abend in einer Kneipe in der Innenstadt. Am Tresen geht es um die Hassmails. Der Wirt, ein Deutschtürke mit kurdischen Wurzeln und westfälischem Dialekt, der sich »Apo« nennen lässt, diskutiert mit einer Stammkundin über Purwins Rücktritt.

»Der muss weitermachen, weil er den Typen sonst datt gibt, watt die wollen!«

»Ja, Apo, aber die ham seine Familie bedroht.«

»Dann is datt halt so.«

»Ich hätt auch Angst.«

»Wenne Angst hast, darfse nich Politiker werden.«

Aus einem Flachbildfernseher scheppern Schlager, es riecht nach warmem Pils und kaltem Rauch, da gesellt sich ein Dritter dazu. »Datt is doch nur Werbung für die SPD«, sagt der Mann, der sich Pasquale nennt. »Ich find datt gut, ganz ehrlich, die haben's doch verdient.« Seine These: Purwins Rücktritt sei eine PR-Nummer für die anstehenden Wahlen. Dazu fällt dann sogar Apo nichts mehr ein.

Es ist leicht, eine Meinung zum Rücktritt des Standesbeamten Purwin zu haben. Denn über den oder die Verantwortlichen ist nichts bekannt. Handelt es sich um eine gezielt vorgehende Gruppe, um einen psychisch verwirrten Einzeltäter, um unpolitische Hacker? Die Mails selbst lassen aufgrund ihres Inhalts zumindest eines sehr wahrscheinlich wirken: dass es sich um rechtsextreme Taten handelt.

Seit Jahren tun sich Neonazis in Bocholt um, offen in Erscheinung treten sie jedoch fast nie: Die rechte Kameradschaft »Walter Spangenberg« etwa war in Bocholt aktiv, bis sie 2012 verboten wurde und die Polizei Wohnungen durchsuchte. Was die mutmaßlichen Rechtsextremen heute machen, ist nicht bekannt. Im April 2015 feuerten Unbekannte vor einem Flüchtlingsheim dreißig Raketen aus einer Feuerwerksbatterie, die mit Hakenkreuzen und Texten wie »88 SS« beschriftet waren. Der oder die Täter wurden nie gefasst.

Und dann ist da noch die Geschichte von Rainer und Bärbel Sauer.

Rainer Sauer sitzt in einem zitronengelben Sessel in seinem Wohnzimmer und blättert einen Schnellhefter durch. Jahrelang hat er protokolliert und abgeheftet, wie Rechte ihn, seine Frau und die gemeinsame Tochter schikaniert haben. »Ah, da steht es ja«, sagt der Lokalpolitiker und trägt vor: die nächtlichen Schüsse vor dem Schlafzimmerfenster, die SS-Runen auf dem Garagentor, die Mordaufrufe im Internet, »Hoffentlich putzt einer den fetten Drecksack weg«.

Einmal, sagt Bärbel Sauer, seien sie ihren Gegnern auch persönlich begegnet: Auf dem Heimweg musste das Ehepaar demnach an einer roten Ampel anhalten, da stand plötzlich ein Männertrupp um den Wagen. »Ich dachte, die schlagen jetzt die Scheiben ein«, sagt die 59-Jährige, »da hatte ich richtig Angst.« Die Ampel wechselte auf Grün, das Paar brauste davon – gerade noch rechtzeitig, da sind sich beide sicher.

Die Sauers gelten als Kenner der lokalen Neonaziszene, engagieren sich seit Jahren gegen die extreme Rechte. Sie sitzt für die »Soziale Liste« im Stadtrat, er ist Vorsitzender der linksgerichteten Partei, gemeinsam haben sie Demos und Projekte gegen Rechtsextremismus organisiert.

Gewerkschaftssekretär Sauer kommt kaum zum

Atmen, wenn er über seine Erfahrungen mit Neonazis spricht. »Als wir damals bedroht worden sind, von Neonazis, von Rechten«, sagt der 60-Jährige, »das war wirklich eine schlimme Zeit, drei Jahre lang.« Mal hätten Rechtsextreme einschlägige Musik vor der Wohnung der Sauers abgespielt, mal Kakerlaken in den Briefkasten gelegt, mal Eier gegen die Hauswand geworfen. Die Sauers hielten durch, nach drei Jahren gaben die Rechtsextremen offenbar auf.

Verschwunden ist die Szene aber nicht, das bekommen Menschen wie Karsten Tersteegen fast täglich zu spüren. »Die Hassmails kommen nach wie vor«, sagt der Sprecher der Stadt, »wir leiten sie dann an die Behörden weiter.« Die meisten Nachrichten erreichten ihn über die zentrale Mailadresse der Stadtverwaltung, persönlich beschimpft würden vor allem der Bürgermeister und sein Kämmerer. Es geht laut Polizei um Hunderte Hassnachrichten, das Büro des Bürgermeisters und Sitzungen des Stadtrats werden inzwischen von einem Sicherheitsdienst bewacht.

Nicht nur Bocholt hat ein Problem mit Hasskriminalität, sondern das ganze Land. Seit 2010 ist die Zahl solcher Straftaten laut Polizeilicher Kriminalstatistik von knapp dreitausendachthundert auf fast zehntausendvierhundert pro Jahr gestiegen. In Nordrhein-Westfalen, so heißt es in einem Bericht des Innenministeriums, werden Mandatsträger noch häufiger attackiert als im Rest der Republik – »mit Beleidigungen, Bedrohungen, übler Nachrede und in Einzelfällen auch mit der Androhung von Gewalttaten«.

Im Kreis Borken, dessen größte Stadt Bocholt ist, stieg

das Ausmaß der Hasskriminalität binnen einem Jahr von zweiundfünfzig auf zweiundsechzig Einzelfälle, wie die Polizei auf Anfrage der Grünen-Kreistagsfraktion mitteilte. Bis 2015 handelte es sich demzufolge meistens nicht um gezielte Angriffe auf Personen, sondern etwa um das Zeigen des »Hitler-Grußes«, Hakenkreuz-Schmierereien oder Volksverhetzung. Das ist seit den Hassmails anders.

Die Polizei tut sich mit den Ermittlungen schwer. Der Staatsschutz, unterstützt von IT-Experten, Staatsanwaltschaft und Landeskriminalamt, weiß nicht einmal, nach wie vielen Tätern er sucht. Der Absender einer solchen Hassmail lässt sich nach Angaben der Ermittler mit technischen Mitteln kaum zurückverfolgen, weil der oder die Täter mithilfe des Tor-Netzwerks die eigene Identität im Darknet verbergen. Roland Vorholt von der Polizei in Münster sagt: »Es nervt einfach.«

Rainer und Bärbel Sauer hatten eine Idee, wie man die anonymen Pöbler erwischen könnte. Im Stadtrat schlugen sie neulich vor, für Hinweise auf den oder die Täter 3000 Euro auszuloben – vergeblich: Dreiundvierzig von vierundvierzig Abgeordneten lehnten den Plan ab. Bürgermeister Peter Nebelo zeigte sich überzeugt, dass der Täter »abartig veranlagt« sei, keine »normalen sozialen Kontakte« pflege – und daher wohl auch niemanden kenne, der ihn verraten könnte. Wohlgemerkt: ohne zu wissen, wer der Täter ist.

Nehmen die Bocholter das Thema auf die leichte Schulter?

Eine Umfrage in der Innenstadt nährt diesen Verdacht. »Ist mir egal«, sagt die Metzgerin im Geschäft für

Wurstspezialitäten aus Schlesien. »Was soll man schon machen?«, sagt der Verkäufer im Imbiss »Tas Firin«. »Hab ich nicht mitbekommen«, sagt die Kassiererin im Lebensmittelladen »Mergimi« – und eine Kundin fügt hinzu: »Wir sind nicht so für die SPD, deshalb ist uns das egal.«

Sollte ein Großteil der Gesellschaft so denken wie die Teilnehmer dieser Straßenumfrage, könnte man meinen: Die größte Gefahr für die Demokratie geht vielleicht nicht von ihren Feinden aus – sondern von der Gleichgültigkeit derjenigen, die sie verteidigen könnten.

ANALYSE

VOM ENDE DER SICHERHEIT

Der Hamburger Stadtteil Blankenese und das sächsische Freital liegen etwa fünfhundert Autobahnkilometer voneinander entfernt. Weit voneinander entfernt sind auch die sozialen Wirklichkeiten in beiden Orten: Freital, eine einst blühende Industriestadt, hat die besten Zeiten hinter sich – während in Blankenese, einem von Villen geprägten Elbvorort, viele der wohlhabendsten Hamburger leben.

Aber es gibt da eine Sache, die beide Orte im Jahr 2016 miteinander verbindet: der Widerstand eines Teils der Bevölkerung gegen den Zuzug von Asylsuchenden. In Freital kommen »Polenböller« und wütender Protest zum Einsatz, in Blankenese Anwälte und Barrikaden aus Autos.

Zwischen meinen Besuchen im Westen von Hamburg und im Osten von Sachsen verbrachte ich auch einige Tage als Reporter auf Sizilien. In der Hafenstadt Pozzallo sprach ich mit gerade erst angekommenen Migranten, die mir schilderten, wie andere vor ihren Augen ertrunken seien. Nahe der Küste besuchte ich ein Erstaufnahmelager und eine kleine Flüchtlingsunterkunft am Ätna. Ich sprach mit Betreuern, Helfern, Aktivisten – über Flucht und Folter, über Heimweh und psychische Leiden, über Angehörige und Arbeitsplätze.

Es ist völlig legitim, sich über die europäische Migrationspolitik zu empören und auch restriktive Maßnahmen zu fordern. Aber es wäre wünschenswert, in solchen Debatten zumindest die grundlegenden Fakten anzuerkennen und zu berücksichtigen. Dazu gehört der Umstand, dass sehr viele Menschen in großer Not nach Europa gekommen sind. Und dass diese Menschen ein Dach über dem Kopf brauchen. Wohnungen. Sicherheit.

Nun ist die Sorge um die eigene Sicherheit bei einigen allerdings größer als die Sorge um Zuwanderer. Um dafür den argumentativen Unterbau zu schaffen, greift manch einer zu Kniffen: »Ich habe keine Blockade gesehen«, behauptete während meiner Recherchen in Blankenese eine Anwohnerin und schloss daraus, dass es diese Straßensperre dann wohl gar nicht gegeben habe, mit der Anwohner offenbar die Vorarbeiten für das geplante Flüchtlingsheim verhindern wollten. Das ist eine, nun ja, zumindest gewagte Schlussfolgerung.

Die Frau aus Blankenese leitete aus dieser Kausalkette, die eher einem Kausalkreis gleicht, das Recht ab, die Sache so zu sehen, wie sie sie sehen wollte. Und daraus wiederum ließ sich dann aus ihrer Sicht offenbar das Recht ableiten, die Sache selbst in die Hand zu nehmen – in diesem Fall mit juristischen Mitteln.

Nun ist der Gang vors Verwaltungsgericht selbstverständlich völlig legal und nicht direkt mit den Protesten und Gewalttaten von Freital zu vergleichen. Das aber, was sich in beiden Fällen durchaus vergleichen lässt, ist die Idee dahinter.

Jedenfalls liegt der Verdacht nahe, dass die Gegner der Flüchtlingsunterkunft in Blankenese weniger den Verlust einiger Bäume fürchteten als den Wertverfall ihrer Grundstücke und Häuser. Dabei sind die allermeisten Einwohner von Blankenese, wo vergleichsweise wohlhabende und gebildete Menschen leben, sicherlich keine überzeugten Rassisten. Wer aber den Wert des eigenen Grundstücks, den hübschen Ausblick auf einen Wald oder die Existenz einiger Bäume über die Lebensbedingungen Hunderter Flüchtlinge stellt, der beweist: Man muss nicht Rassist sein, um rassistisch zu handeln.

Man könnte die Angelegenheit also auch so zusammenfassen: In Freital gab es ein Problem mit rechten Egoisten, in Blankenese ein Problem mit reichen Egoisten. In beiden Orten aber glaubten viele, dass es ein Problem mit Flüchtlingen gibt – und dass die Behörden diese Sorgen einfach ignorierten.

Das führt zu einem weiteren Problem: dem schwindenden Vertrauen in andere, seien es Behördenchefs, Lokalpolitiker oder einfach Mitbürger. Wie groß diese Verunsicherung geworden ist, zeigt sich beispielhaft anhand der Prepper-Szene, der keineswegs nur Verschwörungstheoretiker und Neonazis angehören. Der Krefelder Bastian Blum etwa macht sich wegen drohender Unwetterkatastrophen oder des Risikos massiver Hackerangriffe viele Gedanken. Natürlich sind das auch politische Themen, sehr wichtige sogar, aber Blum denkt nicht in politischen Kategorien. Er ist einer, der sich im Zweifelsfall nicht auf den Staat oder seine Nachbarn verlassen will.

Es ist leicht, sich über Menschen wie Blum lustig zu machen, die Milchpulvermüsli und Gasmasken im eigenen Keller horten. Zu leicht. Denn gerade an Blum zeigt sich, dass die Welt sich eben nicht kurzerhand in Besonnene und Verrückte einteilen lässt und dass auch Prepper sehr rationale Ansichten vertreten können. Blum selbst hat im Gespräch mit mir darauf hingewiesen, dass Verschwörungstheoretiker ein großes Problem seien. Und er sagte: »Krisen nehmen keine Rücksicht auf Religion oder Politik.« Ich habe nach dem Treffen mit Blum keinen Schutzbunker unter meiner Wohnung gebaut. Aber ich habe mir diesen Satz gemerkt, dieses Glaubensbekenntnis des Pragmatismus.

Es wäre viel gewonnen, wäre das gesellschaftliche Klima von mehr Pragmatismus und weniger Alarmismus geprägt. Warum trotzdem oft die Verunsicherten und Verunsicherer den Diskurs beherrschen, hat Helga Rodenbeck, die Flüchtlingshelferin aus Blankenese, ganz gut erklärt: Das Problem, sagte sie, sei die Polarisierung. Es gebe nur noch Hardliner, Engagierte – und Unbeteiligte.

Dass das Lager der Hardliner wächst, hängt vielleicht auch mit Vorfällen wie dem Axtangriff von Würzburg zusammen. Ein als sympathisch geltender junger Moslem wird zum Mörder – das nährt Ressentiments von Rassisten und Islamhassern, aber auch die Ängste bislang eher unpolitischer Menschen: Woher soll man wissen, wer die Guten sind, wenn selbst ein vermeintlich tadellos integrierter Jugendlicher mit einer Axt auf Mitmenschen losgeht?

Es gibt auf solche Fragen keine einfachen Antworten. Klar ist aber, dass Riaz Khan Ahmadzai nicht der erste harmlos wirkende Jugendliche war, der zwischen Flensburg und Berchtesgaden eine Gewalttat beging – und natürlich werden auch in Deutschland geborene Menschen bisweilen zu Verbrechern. Wer trotzdem glauben möchte, dass muslimische Immigranten die Wurzel allen Übels sind, dem sei ein Gedankenspiel ans Herz gelegt: Das Kaiserreich, die Weimarer Republik oder die frühe Bundesrepublik hätten eine Art gesellschaftspolitischer Garten Eden sein müssen, wären Gewalt und Terror tatsächlich erst mit muslimischen Zuwanderern nach Deutschland gekommen: 1945 lebten hier etwa sechstausend Muslime, derzeit sind es mehr als 4,4 Millionen.

Damit ist freilich nicht gemeint, dass Migration völlig unproblematisch und die Integration von Asylsuchenden eine läppische Angelegenheit sei. Aber offenbar muss eine ganze Gesellschaft neu lernen, dass es nur wenige endgültige Sicherheiten im Leben gibt und dass dies weniger mit Hautfarbe, Religion oder Herkunft zu tun hat als manchem Vereinfacher lieb ist: Nicht wegen der Straftaten von Zuwanderern ist die Debattenkultur überhitzt – sondern weil es Menschen gibt, die solche Straftaten bewusst zum Anheizen des gesellschaftlichen Klimas missbrauchen.

Ein Grund zum Verzweifeln ist all das nicht, auch das zeigt der Fall der Axtattacke in Franken: Ochsenfurt, der zwischenzeitliche Wohnort des Angreifers, entwickelte sich nach der Tat weder zur Hochburg rechter Parteien noch zum Zentrum einer zuwanderungsfeindlichen Protestbewegung. Vielleicht haben die Ochsenfurter eines recht schnell verstanden: dass es vergeudete Lebenszeit ist, sich wegen einzelner Gewalttaten in eine grundsätzliche Angst-und-Hass-Dynamik treiben zu lassen. Pragmatismus hilft.

Zumindest das ist sicher.

III. LAND OHNE LINIE.
DIE IDENTITÄTSKRISE

DER PROZESS- MARATHON BEGINNT

Der 7. März 2017, ein kalter Tag am nördlichen Rand der Dresdner Neustadt. Selbst die Antifa wirkt an diesem Morgen besser organisiert als die sächsische Justiz. Um kurz vor acht entrollen die Aktivisten ihr erstes Banner vor dem Prozessgebäude des Oberlandesgerichts, wo wenig später das Verfahren gegen acht Angeklagte beginnen soll, die laut Anklage den Kern der rechtsextremen »Gruppe Freital« bilden.

Während Besucher und Journalisten vor dem Haupteingang bibbern, geht es im Inneren des Gebäudes offenbar hektisch zu: Frühmorgens hatten Sprengstoffhunde in einer Toilette direkt neben dem Sitzungssaal angeschlagen, wie eine Gerichtssprecherin schließlich den Wartenden erläutert. Ein Anschlagsversuch gegen den ersten Terrorprozess der sächsischen Justizgeschichte? Erst nach einer Weile gibt es Entwarnung: Die angeblich gefährlichen Chemikalien haben sich als Reste eines Gummipflegemittels entpuppt.

Dann öffnen Justizbeamte die Eingangstüren des Hochsicherheitsgebäudes. Weil die regulären Säle des

Oberlandesgerichts nach offiziellen Angaben nicht den Sicherheitsanforderungen für ein Staatsschutzverfahren entsprachen, hatte die sächsische Justiz für 5,5 Millionen Euro eine Flüchtlingsunterkunft umbauen lassen.

Im Besucherraum, den dicke Glasscheiben vom Prozessgeschehen trennen, ist kein Platz mehr frei, als schließlich die Angeklagten den Saal betreten: Sieben junge Männer und eine Frau kommen nach und nach herein, begleitet von jeweils zwei Beamten. Unter den Zuschauern sitzen einige Freunde der Angeklagten, aber auch Steffi und Nico Brachtel, die Flüchtlingshelfer aus Freital, sind gekommen. Sie hat für ihr Engagement vor ein paar Monaten den »Preis für Zivilcourage« erhalten, eine Auszeichnung des Förderkreises »Denkmal für die ermordeten Juden Europas«. Wie stolze Preisträger sehen die Brachtels allerdings nicht aus. Still sitzen sie in der ersten Reihe und verfolgen das Geschehen mit ernsten Mienen.

Es geht ja auch um ernste Sachen. Die Bundesanwaltschaft wirft der »Gruppe Freital« eine ganze Reihe von Gewalttaten vor, mit diversen Tatwaffen: Pflastersteine. Buttersäure-Sprengsätze. »Blitz-Knall-Ladungen«. Kugelbomben. Die »Gruppe Freital«, sagt Oberstaatsanwalt Jörn Hauschildt bei der Verlesung der Anklageschrift, habe ein »Klima der Repression« erzeugen wollen und dafür den Tod von Menschen in Kauf genommen. Dafür hätten die Angeklagten 2015 eine rechtsterroristische Vereinigung gebildet, die »Bürgerwehr FTL / 360«. Deren Motto lautete den Ermittlern zufolge: »Im Osten ist es Tradition, da knallt es vor Silvester schon.«

In der Anklageschrift lässt sich nachlesen, wie die

Gruppe sich radikalisiert haben soll. Auf Chatkanälen stachelten sich die Mitglieder gegenseitig an, etwa mit Kommentaren über »Nigger«: »Alle töten, diese elenden Parasiten!« Die Gruppe plante den Bau von Rohrbomben, hortete Sprengsätze und experimentierte mit »Polenböllern«. Intern nannten sie ihre selbst gebauten Minibomben »Obst«, für Nachschub fuhren sie regelmäßig über die nahe Grenze nach Tschechien.

Zum ersten Anschlag kam es am 27. Juli 2015: Mitglieder der Gruppe schlugen frühmorgens eine Seitenscheibe des leeren VW Golf von Stadtrat Michael Richter ein und warfen eine mit Kieselsteinen präparierte Sprengladung hinein, die den Wagen zerstörte. Knapp zwei Monate später sprengten sie die Fensterscheibe des Linken-Büros, dann folgten die ersten Angriffe auf Zuwanderer: In der Nacht auf den 20. September sowie am 1. November detonierten Sprengkörper vor den Fensterscheiben von Freitaler Flüchtlingswohnungen, beim zweiten Anschlag verletzten die umherfliegenden Splitter einen 26-jährigen Syrer im Gesicht. Ende Oktober dann griffen sechs Mitglieder der Gruppe das linksalternative Wohnprojekt »Mangelwirtschaft« in Dresden an – mit faustgroßen Steinen, Sprengsätzen und Pyrotechnik.

Während Oberstaatsanwalt Hauschildt die einzelnen Taten detailliert schildert, ist den Angeklagten nicht anzumerken, ob sie Scham empfinden oder gar Reue. Es ist eine auf den ersten Blick heterogene Truppe: Der Jüngste von ihnen, ein inzwischen 19-jähriger Mann, sieht eher aus wie ein Ministrant als wie ein Terrorist, die mutmaßlichen Rädelsführer könnten vom äußeren Erscheinungsbild her auch Theologiestudenten sein. Andere wenden sich vom Zuschauerraum ab, halten sich anfangs etwas vor den Kopf oder ziehen eine Kapuze tief ins Gesicht.

Der Prozess beginnt zäh, die zentrale Figur an diesem ersten Verhandlungstag ist ein bärtiger Jurist mit beachtlichem Sendungsbewusstsein und einer Honorarprofessur in Chemnitz: Endrik Wilhelm. Der Dresdner Rechtsanwalt, der an diesem Tag die einzige Frau auf der Anklagebank vertritt, legt sich mit dem Vorsitzenden Richter Thomas Fresemann an, weil der zu Beginn die Anklage verlesen lässt – und nicht erst die Anwälte der Angeklagten ausführlich zu Wort kommen lassen möchte. Mehrere der insgesamt sechzehn Verteidiger lehnen die Besetzung des Gerichts ab und wollen umgehend Befangenheitsanträge stellen. Fresemann lehnt ab, Wilhelm dreht auf.

Wilhelm: »Das ist offensichtlich gegen das Gesetz, und das vorsätzlich!«

Fresemann: »Wenn das neu für Sie ist, kann ich auch nichts dafür.«

Wilhelm: »Das stimmt alles nicht, was Sie sagen!«

Von nun an sind die Fronten geklärt: der Staatsschutzsenat um Thomas Fresemann gegen ein gutes Dutzend Rechtsanwälte. Sieben der acht Angeklagten weigern sich daraufhin, auch nur den eigenen Namen oder Geburtsort zu nennen.

Als Richter Fresemann später dann doch Wilhelm das Wort erteilt, holt dieser zu einem einstündigen Rundumschlag aus: Der 4. Strafsenat des Oberlandesgerichts, sagt er, sei durch »manipulatives Eingreifen« zustande gekommen. Eigens für dieses Verfahren habe die Justizverwaltung offenbar Juristen wie Fresemann ausgesucht, die im Sinne der Bundesanwaltschaft den Prozess leiten sollen.

Wilhelms Argumentation fußt darauf, dass es den 4. Strafschutzsenat erst seit dem vergangenen Jahr gibt und der Freistaat Sachsen mehrere Millionen Euro »verbrannte«, um ein geeignetes Prozessgebäude mit Hochsicherheitsgerichtssaal einzurichten. All das sei Beleg für eine Vorverurteilung und den Versuch, in Sachsen ein Exempel zu statuieren. Vor allem aber seien die Richter widerrechtlich für diesen Prozess handverlesen worden: »Der Senat ist demnach das, was unsere Verfassung mit einem verbotenen Ausnahmegericht meint.«

Zwischendurch verliert sich Wilhelm in Gerüchten und kuriosen Vergleichen. Er thematisiert das teure Gerichtsgebäude und doziert in diesem Zusammenhang über die Entrauchungsanlage des Berliner Hauptstadtflughafens, der seit Jahren auf seine Eröffnung wartet. Außerdem will er gehört haben, der unerfahrene Senat habe eine Art juristischen »Notfallkoffer« erhalten. Ein Richter, sagt Wilhelm, habe sich in der Hoffnung auf einen Karrieresprung sogar regelrecht um das Verfahren beworben. Das Fazit des Rechtsprofessors: »Sämtliche Richter lassen sich instrumentalisieren.«

Abgesehen davon geht Wilhelms Argumentation so: Seine Mandantin hätte zwar Straftaten begangen, sei aber keineswegs Mitglied einer terroristischen Vereinigung gewesen. »Es ist an den Haaren herbeigezogen, die Angeklagten mit der Roten-Armee-Fraktion oder dem NSU zu vergleichen«, sagt der Rechtswissenschaftler. Die Opfer der »Gruppe Freital« hätten sich nur leichte Verletzungen zugezogen, der Sachschaden belaufe sich insgesamt auf kaum 15 000 Euro. »Das war beim NSU und der RAF irgendwie anders.«

Seine Mandantin bereue ihre Vergehen und werde sich bei allen Betroffenen entschuldigen, sagt Wilhelm. »Sie weiß, dass sie Straftaten begangen hat, für die es keine vernünftige Begründung gibt.« Eine Terroristin sei sie deshalb aber noch lange nicht. »Es mag sein«, sagt er, »dass das Bestrafungsbedürfnis der Gesellschaft damit nicht befriedigt ist. Aber mit diesem Verfahren schießt der Senat weit übers Ziel hinaus.«

Die Anwälte der Opfer reagieren empört. Wilhelms Argumentation sei eine »unglaubliche Bagatellisierung«, »eine Verhöhnung der Nebenkläger« – und der Versuch, »das Verfahren propagandistisch zu delegitimieren«.

Tatsächlich ist Wilhelms Auftreten reichlich provokant, seine Stellungnahmen trägt er mitunter fröhlich wie eine Büttenrede vor. Vieles davon mag Gehabe und Strategie sein, aber der Strafrechtler wirft auch eine der zentralen Fragen dieses Verfahrens auf: Sitzen da wirklich acht Terroristen, die zum Morden bereit waren – oder geht es vielmehr um eine Reihe glimpflich ausgegangener Versuche, Andersdenkende mit Gewalt einzuschüchtern?

Folgt man den Ermittlungsergebnissen von Polizei und Staatsanwälten, ist die Sache einigermaßen klar. Da gibt es zum Beispiel den Zigeunerphilli, so nannte sich einer der Angeklagten im Chat der Gruppe. Tagsüber lenkte er Regionalbusse, in seiner Freizeit schickte Zigeunerphilli seinen Kumpels verschlüsselte Nachrichten. Diese hier zum Beispiel: »Hab gerade einen Böller an der Kreuzung vorm Heim unten losgelassen. Übelster Krach.«

Die erste Antwort kam von einem Chat-Mitglied namens Kegelkarl, hinter diesem Pseudonym soll sich ein Altenpfleger verbergen: »Knall ham wa gehört, du Schlingel.« Die Antwort von Zigeunerphilli: »Übelst geil, wenn ich nachts nach der Arbeit nach Hause laufen muss. Da kann man das immer gleich mit kleineren Anschlägen verbinden.« Ein andermal soll er laut Ermittlern geschrieben haben: »Wenn ich an der Macht bin, werden alle illegal eingereisten Ausländer lebendig verbrannt.«

Warum erhebt in einer größeren Gruppe junger Leute niemand Widerspruch gegen solche Äußerungen? Wie kann es sein, dass sich in einer ländlichen Region offenbar aus Frust und Hass eine Terrorzelle entwickelt? Was lief in Freital so fatal falsch, was andernorts richtig lief?

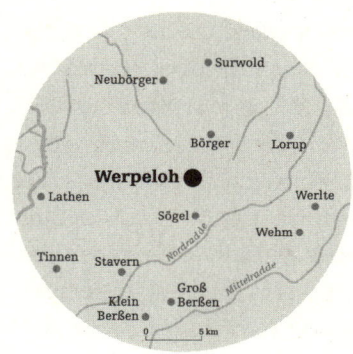

IN DER HEILEN WELT

Wie frische Kuchenstreusel liegt die aufgelockerte Erde zwischen den Sträuchern und Blümchen gegenüber der Kirche, ansonsten: nichts. Kein Unkraut, kein Moos. Ein Beet wie aus dem Gartenkatalog. Johann Geerswilken schaut lächelnd auf die Grünflächen rund um das Pfarrhaus von Werpeloh. Er ist Bürgermeister des 1100-Seelen-Dorfs im Westen Niedersachsens. Der Rasen und die Hecken wirken wie mit Wasserwaagen vermessen, und Geerswilken sagt: »Joa, so is datt hier.«

Ja, so ist das in Werpeloh, Samtgemeinde Sögel, Kreis Emsland: Nicht das Bauamt lässt die öffentlichen Blumenbeete aufhübschen, sondern die Werpeloher selbst machen das. Rund um die Kirche gärtnern regelmäßig die ehrenamtlichen »Franziskusgärtner«. Das Areal am Heimathaus hingegen ist Zuständigkeitsbereich der »Loofhakers«. Und für die restlichen Grünflächen im Ort sorgen weitere »Beetpaten«. Sie alle machen das freiwillig, unbezahlt, in ihrer Freizeit.

Der Zustand der Werpeloher Blumenbeete an diesem Frühsommertag 2017 sagt viel über die Verfassung des

Dorfes: Solidarität, Ordnung und Engagement, darauf legen die Einwohner Wert. Dass der Staat sich angesichts einer massiven Strukturkrise aus der Provinz zurückzieht, dass Dörfer aussterben und ganze Landstriche verfallen, dass immer mehr Arztpraxen, Läden und Schulen schließen – in Werpeloh ist nichts davon zu merken.

Bürgermeister Geerswilken stützt sich auf einen rundlichen Gedenkstein, der an den Sieg im Kreiswettbewerb »Unser Dorf hat Zukunft« vor drei Jahren erinnert. Der 65-Jährige sieht nun ein bisschen aus wie der Kapitän eines Fischerboots. Dabei will Geerswilken gar nicht Kapitän sein: »Ich bin hier nicht der Macher«, sagt er, »ich bin einer von vielen.«

Die Bescheidenheit des Landwirts passt zum Selbstverständnis der Emsländer: Anpacken statt Schnacken. Eine der Lebensadern der Region etwa, die Autobahn 31, bauten sie einfach selbst. Eintausendsechshundert Privatleute und Firmen, darunter Hoteliers und Spediteure, spendeten 54 Millionen Euro. Das restliche Geld steuerten Kommunen, Landkreise und die benachbarten Niederlande bei. So schloss sich die zweiundvierzig Kilometer lange Straßenlücke zwischen Lingen und dem Münsterland bereits 2004 – ein Jahrzehnt früher als ursprünglich geplant.

Es sind solche Kraftakte, die das Phänomen Emsland veranschaulichen. Forscher des Berlin-Instituts für Bevölkerung und Entwicklung haben die Hintergründe genauer untersucht. Der Studie zufolge war der dünn besiedelte Landstrich an der niederländischen Grenze noch vor wenigen Jahrzehnten eine karge Einöde, die von Landwirtschaft und Torfabbau lebte. Dann mauserte sich das Armenhaus der Nachkriegsrepublik, wie das Emsland genannt wurde, zum Vorzeigemodell für ländliche Regionen.

Heute gibt es einen soliden Mittelstand, nahezu Vollbeschäftigung, vergleichsweise wenig Abwanderung. Und die Gemeinde Werpeloh etwa, das sagt Bürgermeister Geerswilken mit unüberhörbarem Stolz, hat keine Schulden. »Das ist gaaanz wichtig«, murmelt der CDU-Mann. Aber nicht so wichtig wie die einundzwanzig Vereine, in denen die Einwohner organisiert sind.

Mittelpunkt dieses Netzwerks ist ein von Eichen flankierter Backsteinbau neben der Kirche. Im Obergeschoss hockt Holger Terhalle, Mitglied in fünf Vereinen, um ihn herum Spielteppiche und Bobbycars. Mehrgenerationenhaus, kurz MGH, nennt er das Gebäude. Der Name ist Programm: Hier oben ist Platz für die Krabbelgruppe, während nebenan die Landjugend musiziert und im Erdgeschoss die Senioren Kaffee trinken.

Das Konzept, sagt Terhalle, basiere auf einer simplen Idee: Alle dürfen rein. So gibt es im MGH Bastelgruppen für Grundschüler, einen Treff für alleinstehende Frauen, Flohmärkte, Theaterproben, Schulspeisungen. Möglich ist all das, weil auch der 800 000-Euro-Neubau als Gemeinschaftsprojekt entstand: Bistum, Gemeinde und der Landkreis gaben Geld, alle Vereine unterstützten das Projekt, Dutzende Bürger halfen bei den Bauarbeiten mit.

Warum die Werpeloher selbst dann anpacken, wenn ein Parkplatz gepflastert werden muss? Terhalle hat da eine Theorie: »In Berlin«, sagt er, »wird überlegt und sondiert, welche Firma so etwas machen könnte. Und wir? Pflastersteine kaufen, Kasten Bier kalt stellen, die Nachbarn rufen.« Auf die Idee, am freien Wochenende einfach mal nichts zu tun, kommt der 36-Jährige gar nicht. »Die Alternative wäre ja, sich freitags in die Hängematte zu legen und auf Montag zu warten. Das kann's ja auch nicht sein.« Er grinst breit und schiebt hinterher: »Viele Hände, schnelles Ende.«

Eine Erklärung für das Erfolgsmodell Werpeloh liegt wohl auch darin, dass sich globale Krisen höchstens in der Lokalzeitung niederschlagen. Deutschland diskutiert über den demografischen Wandel, über eine Leitkultur, über Rassismus. Und Werpeloh kümmert sich um Parkplätze und Blumenbeete.

Aus dem Obergeschoss eines Giebelhauses gegenüber dem Kindergarten schallt Gelächter. Ludwig Schmitz, Mitglied in fünf Vereinen, steht inmitten seiner Mitstreiter und beobachtet grinsend das Hämmern und Schrauben. Der 57-Jährige ist Vorsitzender des Musikvereins, in ein paar Tagen will er den neuen Probenraum einweihen. Von der Gemeinde gab es Geld, renoviert haben die rund fünfundfünfzig Musiker aber selbst, natürlich. Er kenne es gar nicht anders, sagt Schmitz, jeder Werpeloher wachse so auf. »Ab einem bestimmten Alter ergibt sich automatisch eine Begeisterung für die Dorfgemeinschaft.«

Um Nachwuchs muss sich Schmitz derzeit ebenso wenig sorgen wie der Rest des Dorfes: Allein in den vergangenen zwei Jahren haben Mitglieder des Musikvereins zehn Kinder zur Welt gebracht, die Lokalzeitung bejubelte neulich einen »Babyboom«. Vor Kurzem noch war in der Kinderkrippe ein Dutzend Plätze frei, mittlerweile gibt es eine Warteliste.

Wie bemerkenswert das ist, zeigt ein Vergleich mit anderen Dörfern in ähnlicher Lage: Im Harz oder in der Uckermark fehlt der Nachwuchs, junge Menschen fliehen vor Jobmangel und Tristesse, die Restbevölkerung altert langsam vor sich hin. Zugleich schrumpft das Engagement in Vereinen, der Lokalpolitik und privaten Initiativen immer weiter zusammen.

Erst stirbt das Ehrenamt, dann das ganze Dorf.

Rita Hagenhoff, Mitglied in vier Vereinen, und Christian Schröer, Mitglied in acht Vereinen, wissen um diese Gefahr – spätestens seit 2012, als plötzlich die Existenz der St.-Franziskus-Grundschule wegen der niedrigen Anmeldezahlen zur Debatte stand. Die beiden Lokalpolitiker sitzen im großen Saal des Mehrgenerationenhauses und erzählen, wie sie damals mit anderen Mitstreitern den »Arbeitskreis Zukunft« gründeten. Eine Art Denkfabrik sei das, sagt Hagenhoff, das Ziel laute: den tollen Ist-Zustand erhalten.

Bislang klappt das ganz gut. Die Grundschule gibt es noch heute – ebenso wie die freiwillige Feuerwehr, eine Bankfiliale, den Kindergarten, einen Bäcker, die Krippe, regelmäßige Gottesdienste, das Heimathaus.

Wie das sein kann?

Mal sind es Mütter, die in ihrer Mittagspause eine Mensa für die Grundschüler aufbauen. Mal ist es die Gemeinde, die angehenden Feuerwehrleuten den Führerschein bezahlt. Mal sind es Väter, die am Wochenende den Kindergarten renovieren. Die Werpeloher wüssten, warum sie all das tun, sagt Hagenhoff: »Es muss sich viel verändern, damit alles so bleibt, wie es ist.«

Warum aber soll eigentlich alles so bleiben, wie es

ist? Woher kommt diese Sehnsucht gerade vieler Landbewohner nach einem Leben in Beständigkeit, möglichst ohne Wandel, Aufbruch, Risiko? Die nächste Reise könnte Antworten auf diese Fragen liefern – sie führt zu solchen Landbewohnern an den Küchentisch.

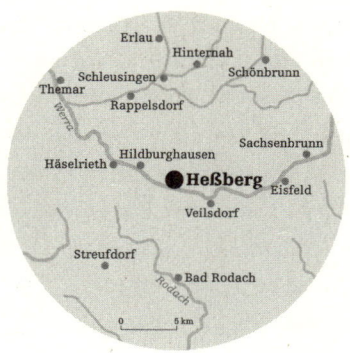

DAS DORF DER HEIMATLIEBE

Ganz im Süden von Thüringen, zwischen dem Nordufer der Werra und der Bundesstraße 89, liegt der schönste Ort der Welt. Jedenfalls in der Welt von Anna-Maria Linke. Die 29-Jährige hockt in einem Korbstuhl vor einem hellbraunen Haus am Rand von Heßberg. Das Dorf im Kreis Hildburghausen ist eine kleine Anhäufung von Fachwerk- und Einfamilienhäuschen auf exakt 5,69 Quadratkilometern: eine Kirche, eine Feuerwehr, ein Heimatverein. Hier will Anna-Maria, rot gefärbtes Haar, grauer Kapuzenpullover, für immer leben.

»Hier zieht kaum jemand fort«, sagt sie. Fast alle ihre Freunde würden ebenfalls noch im Elternhaus wohnen. Die Studentin kichert, als wäre es anstößig, daheim zu leben, dann sagt sie: »Man sieht halt immer dieselben Leute, und das ist schön.«

Langeweile? Nein, Beständigkeit. Sie liebe das, sagt Anna-Maria, »die gleiche Küche, das gleiche Wohnzimmer, alles gleich«. In ihrem Elternhaus habe sich in all den Jahren fast nichts geändert, zum Glück: »Das Bekannte ist mir lieber als das Unbekannte.«

Viele junge Leute zieht es nach der Schulzeit in die Welt hinaus, sie entscheiden sich für ein Work-and-Travel-Jahr in Australien, eine Au-pair-Stelle in Kanada oder ein Erasmus-Semester in Spanien. Nie war es für Deutsche so einfach, so günstig in die Ferne zu ziehen. Und doch wohnen Abertausende auch als Erwachsene noch in ihrem Kinderzimmer. Warum?

Statistiken zeigen, dass es in einigen Gegenden auffällig viele dieser sogenannten Nesthocker gibt. Laut einer Untersuchung des Leibniz-Instituts für Länderkunde liegen die beliebtesten Elternhäuser in Süddeutschland: Unter den 20- bis 24-Jährigen belegen bayerische Landkreise die Spitzenplatzierungen, im Landkreis Straubing-Bogen etwa wohnen in dieser Altersgruppe vier von fünf Männern noch daheim.

Noch interessanter sind die Zahlen aus Thüringen: Während viele der bayerischen Nesthocker nach wenigen Jahren ausziehen, bleiben sie etwa im Eichsfeld, einer katholisch geprägten Region an der Grenze zu Niedersachsen, auffällig lange im Elternhaus. Spitzenreiter bei den Männern Ende zwanzig sowie bei allen Erwachsenen zwischen dreißig und vierunddreißig ist jedoch der Landkreis Hildburghausen – jene Gegend, in der auch das hellbraune Elternhaus von Anna-Maria Linke steht.

Was macht diesen ländlichen Flecken im Herzen der Republik so attraktiv für junge Erwachsene? Sind Heranwachsende im Süden Thüringens besonders familiär, ängstlich, traditionsverbunden, bequem? Spielen ökonomische Faktoren und Bildung eine Rolle? Oder sind Dörfer wie Heßberg womöglich schlichtweg die perfekte Heimat?

In Heßberg zeigt sich: So eindeutig wie die Statistik sind die Einzelschicksale nicht.

Ein paar Straßen von Anna-Marias Elternhaus entfernt versammelt sich an diesem Sommerabend die Familie von Elisa Meißner in der Küche. Sohn Fritz verschlingt ein säuberlich in Quadrate zersäbeltes Salamibrot, seine Eltern Elisa und Marco diskutieren mal wieder über ihr Großprojekt: die Sache mit dem Hausbau.

Das junge Paar würde gern aus Elisas Elternhaus ausziehen. Das mit hellem Schiefer verkleidete Eigenheim hat die junge Frau noch nie für längere Zeit verlassen; in ihrem einstigen Kinderzimmer schläft heute Fritz.

Eigentlich sei sie der Typ Weltentdecker, sagt Elisa. Die Weltenbummlerei habe aber nie wirklich zu ihrem Leben gepasst: Ihr Vater starb, als sie zehn war, ihre Mutter zog sechs Jahre später zu ihrem neuen Freund, so lebte Elisa plötzlich allein mit ihrem Bruder und den Großeltern im Elternhaus. »Von da an«, sagt sie, »musste ich anpacken, kochen, putzen.«

Der Bruder zog nach Norddeutschland, sie blieb daheim. Realschule, Abitur, ein Semester Wirtschaftswissenschaften in Jena, ein Praktikum im Kindergarten, dann die Ausbildung zur Kinderpflegerin, das Sozialpädagogik-Studium in Erfurt. Inzwischen studiert Elisa Erziehungs- und Bildungswissenschaften in Bamberg – und lebt immer noch daheim.

Die jungen Eltern haben zwei Autos und sich ans Pendeln gewöhnt. Elisa kommentiert das mit einem Satz, der von Angela Merkel stammen könnte: »Es ist, wie es ist.« Zwei Wochen lang habe sie in Bamberg studiert, als sie erfahren habe, schwanger zu sein. »Anschließend habe ich eine Woche lang geheult«, sagt sie. »Und dann habe ich beschlossen: Wir schaffen das.«

Und zwar in Heßberg.

Auf Heßberg hat sich auch Anna-Maria Linke festgelegt – allerdings nicht aus pragmatischen Überlegungen heraus, sondern aus Überzeugung. Dass ihr Elternhaus auch das Elternhaus möglicher eigener Kinder sein soll, steht für sie seit wenigen Jahren endgültig fest – »seit ich zum Studium nach Jena gezogen bin«, wie sie sagt. Hochhaus-WG in der Trabantenstadt Lobeda, 7. Stock im Plattenbau, »das war schlimm, schockierend«. Jedes Wochenende sei sie zu ihrem Vater und der Großmutter heimgefahren, übernachtet habe sie in ihrem Kinderzimmer. Das war schön, beruhigend.

In ihrem Kinderzimmer wohnt sie inzwischen wieder in Vollzeit – und pendelt zum Studium nach Erfurt. Zwei Stunden dauert eine Fahrt, aber die investiert sie gern für das Leben am Dorfrand von Heßberg. Kneipen, Kinos oder Cafés gibt es dort nicht, der Bus fährt nur noch ab und zu, und selbst die nahe gelegene Kreisstadt Hildburghausen gleicht mit ihren knapp zwölftausend Einwohnern eher einem zu groß geratenen Dorf.

Anna-Maria findet das super.

»Es ist schön ruhig, man hat den Wald, es gibt 'nen Teich, und im Sommer ist an jedem Wochenende irgendwo in der Nähe eine Kirmes«, sagt sie. Heimat sei ihr im Laufe der Jahre immer wichtiger geworden; inzwischen ist sie Mitglied im Heimatverein, sie hilft jedes Jahr beim traditionsreichen Backhausfest, bleibt in Kontakt mit Bekannten aus dem Ort. Sie sagt: »Neunzig Prozent der Heßberger kenne ich persönlich.«

Aus Faulheit bleiben die wenigsten im »Hotel Mama« wohnen, da sind sich Wissenschaftler sicher. Jüngste Erkenntnisse des Statistischen Landesamtes von Nordrhein-Westfalen etwa deuteten eher darauf, dass Geld eine große Rolle spielt. Die Nesthocker-Quote stagniert seit einigen Jahren, insgesamt hat sie sich seit 1972 unter Mitte-20-Jährigen jedoch verdoppelt.

Ungewöhnlich an den Nesthockern im Süden Thüringens ist, dass niemand so recht weiß, warum es ausgerechnet dort so viele gibt. In anderen Regionen führen Forscher das Phänomen auf konservative Traditionen oder eine starke kirchliche Bindung junger Menschen zurück. Aber im Kreis Hildburghausen spielen die Kirchen keine große Rolle. Was hält die jungen Leute dort?

Oft sind es wohl ganz pragmatische Gründe, wie der Fall von Elisa und ihrer Kleinfamilie zeigt. Natürlich sei es ärgerlich, selbst für einen Cappuccino ins Auto steigen zu müssen, sagt sie. Mit ihrem Freund Marco habe sie mal darüber nachgedacht fortzuziehen, nach Hamburg vielleicht, aber so viel würde sich ja doch nicht ändern. »Selbst im Urlaub geht man nach einer Weile dieselben Wege, kauft in denselben Läden, macht dieselben Sachen.« Das Leben sei nun mal Routine: »Überall ist grauer Alltag.«

In Heßberg störe sie das Alltagsgrau weniger, vor allem wegen der vielen Freunde und Verwandten. Das habe sie geprägt, daher soll Fritz dort aufwachsen. Wenn er groß sei, solle er aber schnell die Welt kennenlernen, sagt sie. Dann wirft Elisa dem Kind einen liebevollen Blick und einen Satz zu, der wie eine Drohung klingt: »Das werden wir dir früh einbläuen.«

Neulich, sagt Elisa, habe Marco gefragt, wie es für sie wäre, tatsächlich das Haus ihrer Kindheit zu verlassen. »Ich weiß es nicht«, habe sie da geantwortet. »Ich habe dieses Haus noch nie von außen betrachtet.«

Heßberg mag ein typisches deutsches Dorf sein – noch: Zuwanderer leben hier kaum. Was aber würde sich ändern, wenn an der Haltestelle neben Lisa und Tom auch Ali und Somayeh auf den Bus warteten? Wie läuft es ab, wenn deutsche Dörfer und Städte zur Heimat werden für Menschen, die nicht seit Generationen im Haus der eigenen Ahnen leben? Und welche Risiken bringt es mit sich, wenn dann Einheimische ebenso unter sich bleiben wie Migranten – wenn also regelrechte Gettos entstehen?

Man kann diese Entwicklung längst beobachten. Nicht in Dörfern wie Heßberg. Aber in Ballungsräumen, zum Beispiel im Osten von Hamburg.

UNTER GETTOKIDS

So richtig deutsch ist am Billbrookdeich 226 nur die Einlasskontrolle.

Tritt ein Kind durch die blau gestrichene Tür in den braun gefliesten Windfang, steht es direkt vor Svea Ahmad. Die Erzieherin ist die bürokratische Variante einer Türsteherin: Bei jedem Neuankömmling zückt sie den Kugelschreiber und trägt den Namen mitsamt Ankunftszeit in die Liste ein, die auf dem Stehtisch liegt. Erst dann darf das Kind in den Tiefen des Bungalows verschwinden.

Die formalistische Willkommenskultur sortiert ein wenig das alltägliche Chaos im »Schulkinderclub Billbrookdeich«, einer auf Migranten zwischen sechs und achtzehn Jahren spezialisierten Tagesstätte im Hamburger Osten. »Wir würden sonst komplett den Überblick verlieren«, sagt Pädagogin Ahmad. Sie ist an diesem regnerischen Tag im Sommer 2017 eine von zwei »Überfliegern«, so steht es auf dem weißen Zettel an der Pinnwand hinter ihr. Ein Überflieger wacht auf einem Hocker am Eingang, der zweite eilt permanent durch den holzummantelten Containerbau.

Helga Awad ist Überflieger Nummer zwei, die Chefin des Schulkinderclubs läuft gerade aus Richtung Küche herbei. Am Eingang greift ein Junge mit Beatles-Gedächtnisfrisur um sein Schienbein und kreischt, dass es in den Ohren fiept. Awad, eine Dame mit sieben Armbändern und sechs Ohrringen, greift seine Hand, lotst ihn ins Nebenzimmer, die Schreie verstummen. »Er ist einer unserer schwierigsten Fälle«, sagt sie. »Spricht gar kein Deutsch – und will es auch nicht lernen.«

Die Erzieherin arbeitet seit vierundzwanzig Jahren im Schulkinderclub Billbrookdeich. Vierundzwanzig Jahre, in denen mehrere Asylkrisen kamen und gingen, in denen Awads Team nützliche Erfahrungen sammelte und die Einrichtung zu dem machte, was sie heute ist: eine Anlaufstelle, die Perspektiven bietet – mit Nachhilfe, Spielen, Gesprächen. »Wir nehmen die Kinder immer so, wie sie sind«, sagt Awad, »und sie sind sehr unterschiedlich.«

In vielen anderen Kitas spricht jeder fließend Deutsch, es gelten feste Bring- und Abholzeiten oder klare Altersgrenzen. Der Schulkinderclub hingegen ist an drei Tagen pro Woche von 7.30 bis 20 Uhr geöffnet, das älteste Kind ist 18 Jahre alt, kaum jemand spricht Deutsch als Muttersprache.

Dass trotzdem fast alle der 187 Heranwachsenden meistens miteinander Deutsch sprechen, gleicht einem Wunder – das nur möglich ist, weil sich keine andere Sprache als Gesprächsgrundlage für alle anbietet. Der Migrantenanteil liegt bei hundert Prozent, insgesamt haben die Kinder sechzehn verschiedene Nationalitäten, der einzige Junge mit deutschem Pass ist der Sohn eines Peruaners und einer Polin.

Beträte Pegida-Chef Lutz Bachmann den Schulkinderclub, stünde er jenem Szenario gegenüber, das er seit Jahren beschwört: Am Billbrookdeich sind Deutsche fremd im eigenen Land. Die Frage ist nur: Ist das ein Problem? Und falls ja: Was genau daran ist problematisch, wer hat Schuld, und was ließe sich daran ändern?

Der Schulkinderclub, gelegen zwischen Firmengeländen, einer Moschee und der einzigen Schule des Stadtteils, spaltet Meinungen und versöhnt Menschen. Ein Ort, der polarisiert, Ängste schüren und Vorbehalte verstärken kann. Ein Ort, an dem das Scheitern mancher Multikulti-Hoffnung greifbar ist – und der sich trotzdem zum Erfolgsmodell mausern könnte: weil vielleicht gerade diejenigen zu ungeahnten Kraftakten fähig sind, denen es am wenigsten zuzutrauen wäre. Am Billbrookdeich lässt sich beobachten, wie miese Rahmenbedingungen die Integration behindern und die Zuwanderer trotzdem ihren Weg gehen.

Ein Geruchscocktail aus Acrylfarbe und Schweiß zieht aus einem länglichen Zimmer am Ende des Flurs. Im sogenannten Atelier hocken sechs Jungen und neun Mädchen an zwei kreisrunden Tischen. Im wöchentlichen Kalligrafiekurs malen sie arabische Schriftzeichen auf Kaffeetassen, während sie sich unterhalten: auf Russisch, Türkisch, Arabisch, Mazedonisch, Kurdisch.

Die vielen Muttersprachen stellen die Pädagogen vor ungeahnte Herausforderungen, etwa beim Aushang des Essensplans. Aber Kita-Chefin Awad ist ideenreich: Aus einem Regal in der Küche zieht sie einen schwarzen Karteikasten, in dem Dutzende Fotos von Gemüse- und Obstsorten, Nudelgerichten und Eintöpfen stecken – akkurat laminiert und alphabetisch sortiert. »Die heften wir mit Magneten an unseren Speiseplan«, sagt Awad, »das versteht wirklich jeder.«

Mittlerweile benetzt Sprühregen die Fenster des Bungalows und vernebelt den Blick auf die Außenwelt. Im Grunde eine gute Sache, denn die Welt da draußen erscheint noch trüber als das Wetter. Zwar ist Billbrook ein grüner Stadtteil, durch den sich Nebenarme der Elbe und des Flüsschens Bille schlängeln. Auffälliger sind allerdings die farblosen Wohnblöcke und Fabrikhallen, die Sondermüllverbrennungsanlage, das Heizkraftwerk.

Supermärkte, Kinos, Kneipen? Gibt's nicht.

Billbrook ist ein abgehängtes Viertel. Hierher zieht nur, wer vom Amt oder der eigenen Bedürftigkeit dazu genötigt wird. Fast acht von zehn Einwohnern sind Ausländer, der Anteil der Billbrooker mit Migrationshintergrund ist binnen sieben Jahren von 65 auf 85 Prozent gestiegen, unter Kindern beträgt er 98 Prozent. Die Arbeitslosenquote liegt knapp unter zehn Prozent, das Bildungsniveau am Boden: Lediglich 11,9 Prozent der Schüler besuchen ein Gymnasium, in ganz Hamburg ist es sonst nahezu jeder zweite.

Was sagen Politiker dazu, die seit Langem die Situation am Billbrookdeich beobachten? Ein Anruf bei Maureen Schwalke. Die Bezirksabgeordnete der Linken kennt Billbrook seit ihrer Kindheit und beobachtet die Entwicklung des Stadtteils mit Sorge. Sie störe sich vor allem daran, dass die Flüchtlinge in einem Gewerbegebiet leben, sagt sie. »Wie soll man Menschen integrieren, die quasi ausgelagert werden?« Zwar gebe es in Billbrook viel Platz für große Unterkünfte, trotzdem sollten nicht so viele Neuankömmlinge in dem Stadtteil untergebracht werden: »Weil die Leute dort unter sich bleiben.«

Helga Awad lässt sich auf einen Bürostuhl in ihrem Arbeitszimmer sinken und schnauft durch. Getrampel und Geschrei dröhnt durch die gelb gestrichenen Wände, von der Decke baumeln melonengroße Pappmaschee-Flugzeuge. »Die hat ein ehemaliges Kita-Kind gebaut«, sagt sie, »der Toni aus Albanien.« Sie macht eine Pause, lächelt, fügt hinzu: »Der hat Abitur gemacht, Flugzeugtechnik studiert und besucht uns noch immer ab und zu.« Billbrook ist ein hartes Pflaster, aber keine Sackgasse.

Awad zählt noch ein paar Namen auf von früheren Kita-Kindern, die einen Platz für sich gefunden haben – im Ausbildungsbetrieb, im Hörsaal, im Leben. Einige kämen noch immer regelmäßig in den Schulkinderclub, sagt Awad, »sie gehören irgendwie dazu, wir sind hier für viele ein bisschen Familie«.

Faire Chancen haben trotzdem nicht alle, das weiß auch Awad. »Richtig integrieren geht hier kaum«, sagt die Erzieherin. »Die müssten alle viel besser auf ganz Hamburg verteilt werden.« Sie deutet mit dem Arm in verschiedene Richtungen: zur Gemeinschaftsunterkunft für 118 Asylsuchende in der Nachbarschaft, zum Heim für rund sechshundert Migranten in der nahe gelegenen Berzeliusstraße, zur Wohnanlage mit 645 Bewohnern direkt nebenan. In Billbrook leben 1364 Kriegsflüchtlinge und andere Zuwanderer, bei insgesamt nicht einmal zweitausendzweihundert Einwohnern.

Am frühen Nachmittag kommen die Überflieger kaum noch hinterher. Immer mehr Ganztagsschüler strömen in den Bungalow, die Kakofonie aus Brüllen und Brabbeln könnte problemlos den Samstagnacht-Pegel im S-Bahnhof Reeperbahn übertreffen. Der Schulkinderclub bietet reichlich, wofür die Partymeile berühmt ist: eine Mischung aus Geplapper, Gewusel, Gestank. Und Konflikten.

Natürlich gebe es auch Streit, sagt Leiterin Awad, während sie einen kleinen Jungen zur Begrüßung umarmt. »Ein paarmal haben sich kurdische und christliche Grundschüler aus Syrien um Spielzeug gezankt – und wir haben erst später begriffen, dass die Krisen in ihrer Heimatregion damit zu tun haben.« Politische und religiöse Konflikte als Importware? Awad winkt ab, sie habe die Angelegenheit wie alle anderen Probleme dieser Art gelöst: mit Elterngesprächen, fairen Regeln, klaren Ansagen. »Wir wirken von außen vielleicht wie ein Ameisenhaufen, aber auch ein Ameisenhaufen ist gut organisiert.«

Warum kommen die Schüler trotz all der Konflikte und Sprachbarrieren so gut miteinander aus? Awad lehnt im Türrahmen zur Küche und setzt ein wissendes Gesicht auf. »Die Kinder, die vor drei Jahren nach Deutschland kamen«, sagt sie, »sind heute kleine Dolmetscher und Integrationshelfer für die Neuankömmlinge.«

Warum kriegen Awad und ihre Kollegen das Integrationschaos im Schulkinderclub in den Griff? Wieso führen die offensichtlichen Probleme im Viertel nicht dazu, dass empörte Wutbürger wöchentlich gegen die Islamisierung des Billbrookdeichs auf die Straße gehen? Es muss dort etwas geben, was den Zusammenhalt trotz aller Probleme gewährleistet, eine Art gesellschaftlichen Kitt fürs Viertel.

Was passieren kann, wenn solch ein Minimalkonsens fehlt, zeigt die Geschichte des Münchners Giovanni Costa.

HERR COSTA HÖRT AUF

Giovanni Costa hat sich verkrochen. Ganz hinten in der Ecke sitzt er an diesem nasskalten Tag im Herbst 2017 in einem urigen Gasthaus neben der Münchner Frauenkirche. Es ist ein trauriges Bild – nicht, weil außer dem 54-Jährigen niemand an einem der Massivholztische hockt. Sondern weil der Gastwirt Costa als Gast in einer Gaststätte sitzt, die nicht seine eigene ist.

Denn die hat er verloren.

Viele Gastronomen müssen irgendwann aufgeben. Aber Costas Geschichte ist verworrener und vielschichtiger als andere: Hier geht es um Politik und Profit, um Gesinnung und Gehässigkeit. Es ist eine besonders unübersichtliche Geschichte über die Streitkultur in einem zerstrittenen Land.

Die Kurzversion geht so: Im Oktober 2015 treffen sich Anhänger des Münchner Pegida-Ablegers in Costas Gaststätte und gründen einen Stammtisch. Der Odeonsplatz, auf dem die Gruppe montagabends gegen eine angebliche Islamisierung demonstriert, liegt fünf Haltestellen von Costas »Casa Mia« im Stadtteil Sendling entfernt, direkt vor dem Lokal führt eine Treppe zum U-Bahnhof. Binnen weniger Minuten kommen die Pegida-Anhänger so vom Versammlungsort zum »Casa Mia«, dort haben sie ihre Ruhe.

In Sendling hält sich die Begeisterung darüber in Grenzen. Bald schaltet sich der SPD-geführte Bezirksausschuss ein, linke Aktivisten beschmieren das Lokal an der Ecke von Impler- und Oberländerstraße, schließlich erhält Costa die Kündigung des Mietvertrags: Das »Casa Mia« gibt es nicht mehr.

Das war im Juli 2017, und die Aufregung war groß: Hat ein Gastwirt seine Existenz verloren, weil er Islamfeinde bewirtete und ihn linke Aktivisten und Politiker deshalb systematisch bekämpften? Sind die Zeiten vorbei, in denen Gastronomen wie Costa sich in die politische Neutralität zurückziehen konnten? Handelte der Wirt fahrlässig – oder ist er Opfer einer bedenklichen Politisierung aller Lebensbereiche?

Jetzt, mit einigen Monaten Abstand, spricht Costa ruhig über seine Sicht der Dinge. Er holt eine Schnupftabakdose aus der Hosentasche, lässt ein winziges braunes Häuflein auf die Hand rieseln und zieht es ins linke Nasenloch.

1976 kam er als Zuwanderer nach München, da war er gerade vierzehn, in seinem süditalienischen Heimatort Aci Sant'Antonio leben seit Jahren viele Migranten. Seit 1991 führt er, der selbst Zuwanderer ist, das »Casa Mia« im Zentrum von München.

»Wir haben ein Problem«, sagt der gebürtige Sizilianer in breitem Bairisch. In Deutschland habe sich etwas verändert, die Meinungsfreiheit sei in Gefahr – und er sei eines der Opfer. Einen Täter gibt es aus Costas Sicht auch, er nennt ihn den »Sheriff von Sendling«: Ernst Dill.

Dill, ein glatzköpfiger Herr von einundsiebzig Jahren, ist im Bezirksausschuss Sendling Sprecher der SPD-Fraktion und Beauftragter gegen Rechtsextremismus. Im Januar 2016 tauchte er, so erzählt es Costa, eines Mittags im »Casa Mia« auf – da trafen sich die Pegida-Anhänger bereits seit drei Monaten regelmäßig im Nebenraum der Gaststätte. Dill habe ihn aufgefordert, den Stammtisch nicht länger zu dulden, bei anderer Gelegenheit habe der SPD-Mann sogar gedroht: »Ich lasse Sie verhungern.«

Dill hat solche Vorwürfe mehrfach zurückgewiesen, die Kontaktaufnahme mit ihm scheitert jedoch: Mehrere Anfragen lässt er über Monate unbeantwortet.

Dass die in München regierende SPD rechte Gäste ungern in Lokalen der Stadt sieht, ist kein Geheimnis – das geht etwa aus einem Brief an Costa vom 29. Januar 2016 hervor, unterschrieben von Oberbürgermeister Dieter Reiter und einem Vertreter des Branchenverbands DEHOGA. Bedauerlicherweise gebe es Fälle, »in denen Gaststättenbetreiber ihre Räumlichkeiten extrem rechten Gruppierungen überlassen haben«, heißt es in dem Schreiben, dem ein knallgelber Aufkleber beilag, darauf der Schriftzug: »München ist bunt!«

Costa besteht darauf, niemandem sein Restaurant »überlassen« zu haben. Weder erlaubte er, dass Pegida-Anhänger in seinem Lokal Parolen skandierten, noch dass sie Flugblätter verteilten oder auch nur einen Stammtischwimpel aufstellten. Außerdem, sagt der Wirt, sei Pegida gegen die Islamisierung, nicht gegen Ausländer – sonst kämen die ja wohl kaum in das Lokal eines Sizilianers.

So simpel ist das jedoch nicht.

Anders als in Dresden ist der Münchner Pegida-Ableger kaum von der Zivilgesellschaft getragen, sondern unter anderem von der »Identitären Bewegung« und NPD-Kadern. Costa stört sich trotzdem nicht daran, als Komplize von Rassisten dazustehen. Die Islamfeinde aßen Spaghetti, das fand er völlig in Ordnung. »400 bis 500 Euro zusätzlich pro Woche«, sagt er, »die konnte ich gut gebrauchen.« Er würde jederzeit wieder so handeln, denn: »Bei mir wird keine Politik gemacht. Bei mir wird gegessen, getrunken und gezahlt.«

Costa hat nichts Verbotenes getan, moralisch ist die Sache weniger eindeutig. Aber ist es deshalb in Ordnung, den Wirt anzuprangern, regelrecht an seiner Existenz zu sägen?

Anfang März 2016 besprühten Unbekannte die Außenwände der Gaststätte: »Nationalismus raus aus den Köpfen«, »Nazis verpisst euch«. Überregionale Medien griffen den Fall auf, in rechten Foren war von »Münchens Bunt-Mafia« und »Gesinnungsterror« die Rede, Lokalpolitiker Dill wurde als »Säuberungs-Stalinist« oder »SPD-Blockwart« bezeichnet.

Spätestens da war klar, dass Costa im Mittelpunkt einer symbolischen Debatte steht: Der aus dem Ruder gelaufene Streit über den Stammtisch zeigt, wie groß die kollektive Nervosität angesichts des gesellschaftlichen Rechtsrucks inzwischen ist – und dass sich die Debattenkultur ebenso dramatisch verändert hat wie die politische Landschaft.

Costa, der inzwischen im Lokal seines Bruders aushilft, sagt, er hätte mit alledem am liebsten gar nichts zu tun. Einige der Pegida-Gäste kenne er seit vielen Jahren – ebenso wie etliche Münchner SPD-Politiker. »Ich bin völlig unpolitisch«, raunt er, und das gelte auch fürs Geschäft. Er höre den Gesprächen seiner Gäste nicht zu und überprüfe sie auch ansonsten nicht. »Soll ich mich vor die Tür stellen und jeden nach seiner politischen Gesinnung fragen?«, ruft er aus. »Das ist kein Verhörraum, sondern eine Gaststätte!«

Doch die Hoheit über den Diskurs war schnell verloren. Pegida rief auf Facebook seine Anhänger auf, bei Costa essen zu gehen – die SPD tat so ziemlich das Gegenteil: »Wir wollen kein braunes Bier in Sendling«, sagte Lokalpolitiker Dill im März 2016 einem Münchner Anzeigenblatt. Das Restaurant sei im Stadtteil sehr beliebt, gab Markus Lutz zu Protokoll, der Vorsitzende des Bezirksausschusses. »Aber unter diesen Umständen kann man es nicht mehr weiterempfehlen.«

Ist das ein Aufruf zum Boykott?

Costa behauptet, die SPD sei sogar noch weiter gegangen: »Dill und seine Kumpanen« hätten sich mehrfach vor die Tür gestellt und Passanten vom Betreten des Lokals abgeraten. Auch seien binnen weniger Monate fünfmal Lebensmittelkontrolleure da gewesen, sagt Costa. Er spricht von einer Kampagne gegen rechts, deren Opfer nun ein unbescholtener Gastronom sei: »Wenn sie so was in Dresden machen würden, könnte die gesamte Wirtschaft dort dichtmachen.«

Die Sendlinger SPD bestreitet die Vorwürfe, ihre Argumentation geht in etwa so: Man habe Costa lediglich helfen wollen, schließlich müsse kein Gastwirt rechtsextreme Umtriebe dulden – und Pegida München sei nun mal ein besonders heikler Fall. In einem Brief vom 8. März 2016 schreibt Ausschusschef Lutz an Costa, »dass diese Gruppierung seit Oktober 2015 durch das Bayerische Landesamt für Verfassungsschutz beobachtet wird«.

Dieser Lesart zufolge schlug der Wirt ein gut gemeintes Angebot aus: Gäbe es das »Casa Mia« noch, wenn er sich schnell von dem Pegida-Stammtisch distanziert hätte? Aber hieße das nicht zugleich, dass die Intervention des Bezirksausschusses zur Schließung des »Casa Mia« anderthalb Jahre später führte? Beweisen lässt sich dieser Verdacht nicht.

Costa sieht sich als Erpressungsopfer: Dill habe im Gegenzug für seine angebliche Unterstützung erwartet, dass der Wirt die rechten Gäste rausschmeißt. Er kenne das aus seiner sizilianischen Heimat: »Wenn jemand dir einen Gefallen tut, musst du das irgendwann zurückzahlen.« Er kramt ein paar sorgfältig gefaltete Zeitungsartikel hervor und breitet sie auf dem Tisch aus, wie ein Grundschüler, der die Großeltern mit Klassenarbeiten voller Einsen beeindrucken möchte. Es sind Texte, die von »Gewalt und Drohungen der Linken« handeln (*tz*) oder den Sendlinger Bezirksausschuss mit der sizilianischen Mafia vergleichen (*Junge Freiheit*).

Costa präsentiert die Artikel wie Beweise für seine Sicht der Dinge, aber sie belegen etwas anderes: Wer den Gastwirt für das Opfer einer Kampagne hält, findet Bestätigung beispielsweise in der »Neuen Zürcher Zeitung« – und wer in ihm einen unbelehrbaren Pegida-Komplizen sehen möchte, kann sich auf Darstellungen etwa in der »Huffington Post« berufen. Zwei Medien, zwei sehr unterschiedliche Analysen desselben Vorgangs.

Mit »Lügenpresse« hat all das nichts zu tun, sondern mit Pluralität und Uneindeutigkeit: Der Fall »Casa Mia« zeigt exemplarisch, dass die Wahrheit oft zwischen den Extremen liegt.

Ein weiteres Tabakhäufchen verschwindet in Costas Nase, während er vom Niedergang seines Lokals erzählt: Im Laufe des Jahres 2016 habe sich der Stammtisch des »Bundes für Geistesfreiheit« abgemeldet, dann der FC Viktoria München und der Tischtennisklub, sogar die Italien-Gruppe. »Dieses Lokal ist Pegida-frei« stand laut Costa auf den Aufklebern, die irgendwer nachts auf die Fensterscheiben klebte.

Binnen Wochen seien die Einnahmen um mehr als die Hälfte zurückgegangen. Der Brauerei Anheuser-Busch InBev, seinem Lieferanten und Vermieter, sei das nur recht gewesen: »Die haben einen Grund gesucht, mir zu kündigen«, behauptet Costa. Eine Konzernsprecherin weist das zurück, der Wirt habe schlichtweg die Pacht nicht mehr zahlen können. Sie betont zugleich, dass Anheuser-Busch InBev »diskriminierende Inhalte jeglicher Art in unseren Gastronomieobjekten nicht tolerieren« könne.

Im März 2016 unterschrieb Costas Frau Sabine, die offizielle Mieterin des Lokals, einen »Nachtrag zum Pachtvertrag«. Darin verpflichtete sich die Wirtsfamilie, keine Veranstaltungen »antidemokratischen Inhalts auszurichten oder stattfinden zu lassen«. Aber ist ein Abendessen von mutmaßlichen Antidemokraten bereits eine antidemokratische Veranstaltung? Die Brauerei versichert, ihre Mieter hätten den Zusatzvertrag freiwillig unterschrieben, Costa spricht von Erpressung.

In der Folge kamen laut Costa immer weniger Gäste, über Monate häuften sich Schulden an. Als dem Lokal Anfang 2017 bereits das Aus drohte, solidarisierten sich viele Sendlinger mit ihrem Nachbarn. Eine Frau aus der Nachbarschaft etwa, Diplompsychologin und SPD-Mitglied, sammelte Unterschriften für den Erhalt des Restaurants und beteuerte öffentlich, dass Costa nichts mit Pegida zu tun habe. Im Mai kamen wieder mehr Kunden in das »Casa Mia«, am letzten Tag des Traditionslokals sollen Gäste geweint und minutenlang applaudiert haben.

In der linken Szene blieb Costa trotzdem der Mann, der die Nazis bewirtet. Seit April kamen die Pegida-Anhänger auf sein Bitten hin nur noch in kleinen Gruppen, »mal abends zu zweit, mal mittags zu fünft«. Ganz rauswerfen mochte er die Rechten nicht, die Anfeindungen gingen weiter. Einmal hätten Aktivisten von außen an die Scheiben getrommelt und »Nazis raus« gebrüllt, sagt er. Im Lokal hätten da gerade ein paar Seniorinnen und ein Fußballstammtisch gesessen.

Man mag angesichts solcher Vorfälle nachvollziehen, dass Costa sich nicht auf die Seite linker Aktivisten und Politiker stellt. Zugleich bleibt unverständlich, dass er so gar kein Problem darin sieht, offenbar verfassungsfeindliche Gäste zu bewirten. »Die hatten keine Hakenkreuze dabei, keine Flyer«, sagt Costa. »Das waren für mich einfach Gäste.«

Stramme Pegida-Anhänger, die einfach nur Gäste sind? Costa gibt sich als Mensch mit Prinzipien, eines lautet: »Gast ist, wer bezahlt.« Seine Prinzipien hat er verteidigt, sein Restaurant verloren.

So bleibt vieles offen in diesem undurchsichtigen Fall, in dem es auch um grundsätzliche Fragen geht: Wie gefährlich sollen die Ideen einiger Rechtsextremer in einer liberalen Weltstadt wie München schon sein? Was können einzelne Spinner anrichten, solange der Großteil der Gesellschaft an Demokratie und Rechtsstaatlichkeit festhält?

Ziemlich viel, wie sich im idyllischen Unterfranken zeigt.

Kalchreuth
Großgründlach
Veitsbronn
Fürth
Pegnitz
Cadolzburg
Zirndorf
Nürnberg
Oberasbach
Fischbach
Roßtal
Dietersdorf
Katzwang
Schwabach

0   5 km

DER
FREIE MANN
WOLFGANG

Ist das eine Fantasieuniform? Wolfgang Busch trägt einen graubraunen Anzug und ein T-Shirt in jenem Gelbton, der die Hemden bayerischer Polizisten ziert. Mit durchgedrücktem Rücken und leicht nach oben gerichtetem Feldherrenblick schreitet der Angeklagte durch einen Seiteneingang in den Schwurgerichtssaal 600.

Ein bühnenreifer Auftritt soll es wohl werden – aber Wolfgang Busch, der eigentlich anders heißt, rechnet nicht mit den Tücken dieser Bühne. Nach zwei Schritten übersieht der 49-Jährige eine Stufe, als er gerade in die Kameras blickt. Fast fällt er, fängt sich erst im letzten Augenblick.

Die missglückte Inszenierung zeigt, wie nervös der mutmaßliche »Reichsbürger« am ersten Verhandlungstag dieses Mordprozesses offenbar ist. In den kommenden Wochen will die 5. Strafkammer des Nürnberger Landgerichts herausfinden, was genau am 19. Oktober 2016 im fränkischen Georgensgmünd geschah – jenem Tag vor fast einem Jahr, an dem Busch den 32-jährigen Polizisten Daniel E. erschoss und zwei weitere verletzte.

Die Anklageschrift, die Staatsanwalt Matthias Held verliest, zeichnet das Bild eines militanten Antiautoritären und kaltblütigen Mörders. Busch hatte sich demzufolge seit Längerem darauf vorbereitet, dass das Landratsamt ihm seine Waffensammlung abnehmen würde. Im Sommer 2016 entschied er deshalb, bei einem Polizeieinsatz auf die Beamten zu schießen – »heimtückisch und aus niederen Beweggründen«, so schreiben es die Ankläger.

Von einem befreundeten Polizisten soll Busch erfahren haben, dass das SEK Nordbayern am 19. Oktober um Punkt 6 Uhr den von ihm proklamierten »Regierungsbezirk Wolfgang« stürmen würde. Mit Schutzweste und geladener Pistole lauerte er laut Ermittlern an jenem Morgen an einem Mauereck hinter der Wohnungstür den Beamten auf – und schoss erst, als insgesamt vier Polizisten vor der Tür standen. Elfmal drückte Busch mit einer Waffe des Kalibers neun Millimeter ab.

Der Angeklagte will sich vor Gericht zunächst nicht äußern, seine Verteidiger kritisieren die Version der Ermittler jedoch scharf. »Die Anklageschrift ist komplett konstruiert«, sagt Rechtsanwältin Susanne Koller kurz vor Prozessbeginn. Busch sei kein »Reichsbürger« und habe sich in seiner Wohnung nicht verschanzt oder gar einen Hinterhalt vorbereitet – sondern im Bett gelegen, als er vom Polizeieinsatz überrumpelt worden sei. »Einen Mordtatbestand können wir beim besten Willen nicht erkennen.«

Aus der Sicht ihres Mandanten seien Unbekannte von drei Seiten gleichzeitig in sein Haus gestürmt, unter lautem Geschrei und Getöse. Der Polizeieinsatz, so Koller, sei unnötig, dilettantisch und schlichtweg falsch gewesen. Ihre Version klingt so, als wäre Busch eher Opfer als Täter. Kann die Wahrheit in so einem Fall irgendwo in der Mitte liegen? Für die Mutter des getöteten Polizisten, die als Nebenklägerin Busch gegenübersitzt, wäre das wohl kaum zu ertragen.

Wie mühselig die Wahrheitsfindung wird, zeigt sich schon nach wenigen Minuten. »Ihre Personalien brauche ich«, sagt die Vorsitzende Richterin Barbara Richter-Zeininger. »Ich kann bestätigen, die Person ist anwesend«, sagt Wolfgang Busch, zweimal. Richter-Zeininger fingert einen abgelaufenen Personalausweis des Angeklagten aus den Akten, »auf dem Lichtbild sind Sie zu erkennen«. Busch erwidert: »Ich bin der freie Mann Wolfgang und nicht diese Person.« Richter-Zeininger verzieht keine Miene, dann sagt der Angeklagte: »Ich mache keine Angaben, weil ich nicht weiß, wie man mich hier nennt.«

Das seltsame Gebaren wirft ein Schlaglicht auf die sogenannten Reichsbürger, zu denen auch Busch gehören soll. Der Fall hatte die lange unterschätzte Szene, die Experten zufolge kaum als einheitliche Bewegung bezeichnet werden kann, schlagartig zum Politikum gemacht. Seit November 2016 beobachtet der Verfassungsschutz die »Reichsbürger«, einem Beschluss der Innenministerkonferenz zufolge sollen sie alle entwaffnet werden.

Wie sieht Wolfgang Busch die Welt? Der Angeklagte sei vor allem ein von Ängsten geprägter Mann, sagt vor Gericht der Psychiater Michael Wörthmüller, der ihn in mehreren Gesprächen begutachtet hat. Im Internet habe Busch sich über vermeintliche Gefahren informiert, etwa über die »Chemtrail«-Verschwörung. Anhänger dieser

Idee glauben, dass Regierungen die Menschen gezielt mit Giften aus Flugzeugabgasen unter Kontrolle halten.

Der Hobbyjäger Busch sympathisiert darüber hinaus offenbar mit den Ideen sogenannter Prepper: Er hortete nach eigenen Angaben tausend Liter Diesel, haufenweise Lebensmittel, mehr als dreißig Schusswaffen. Gegen Polizisten hatte Busch laut Wörthmüller nichts, im Gegenteil: »Die sorgen ja dafür, dass die öffentliche Ordnung nicht zusammenbricht.«

Busch hatte dem Psychiater zufolge eine »allgemeine Sorge vor Kriminalität und Übergriffen durch Institutionen«. Nach den Anschlägen von Ochsenfurt und Ansbach sei in ihm zudem das Gefühl gewachsen, die islamistische Bedrohung nähere sich seinem Wohnort. Wörthmüller sagt: »Kriminalität ist ein Thema, das ihn seit Langem beschäftigt.«

Erklärungsansätze für das über Jahre gestiegene Gefühl der Verunsicherung finden sich auch in Buschs Biografie: Seine Mutter tötete sich angeblich, als er sieben Monate alt war – und soll vergeblich versucht haben, auch ihren Sohn zu vergiften. Am Gymnasium scheiterte Busch, die Ausbildung zum Bürogerätemechaniker brach er ab und erwog einen Wechsel zur Polizei. Stattdessen machte sich Busch, Vater eines Sohnes, als Vermögensberater selbstständig, beschäftigte nach eigenen Angaben zwischenzeitlich rund dreißig Mitarbeiter in mehreren Büros.

Aus den Fugen geriet sein Leben spätestens am 27. März 2001. Bei einem schweren Verkehrsunfall zog er sich eine Gehirnerschütterung sowie eine Verletzung des Stammhirns zu, es folgten mehrere Operationen, zehn

Jahre Berufsunfähigkeit, schließlich Geldprobleme. Über die Jahre gingen zwei Ehen und mehrere Beziehungen in die Brüche.

Unklar ist, welche Rolle ein anderer mutmaßlicher »Reichsbürger« in seinem Leben spielt: Adrian U., ein früherer Mister Germany. Wolfgang Busch hatte zu dem wegen versuchten Mordes angeklagten U. vermutlich Kontakt, bevor dieser bei einer Schießerei mit Polizisten im August 2016 in seinem Haus in Sachsen-Anhalt schwer verletzt wurde. Nach eigenen Angaben hatte Busch große Angst, dass ihm Ähnliches widerfahren könnte, sagt Wörthmüller.

Busch habe ihm auch gesagt, so der Psychiater, dass er seine Waffen ordnungsgemäß habe abgeben wollen. In Georgensgmünd betrieb Busch, der sich immer nur Wolfgang nennen ließ, zudem eine Kampfsportschule, dort gab er Selbstverteidigungskurse für Schüler.

Angeblich, so schildert es der Psychiater, wollte Wolfgang Busch nur eines: Frieden.

Wie passt all das zu dem Gewaltausbruch des 19. Oktober? »Er kann sich nicht erklären, wie er so in Panik geraten ist«, sagt Wörthmüller – und zählt im Stakkato Wortfetzen auf, mit denen Busch seine Wahrnehmung der damaligen Polizeiaktion beschrieben habe: »Detonationen wie im Krieg«, »eine Granate, ein Lichtkegel«. Diese Eindrücke bewegten Busch demzufolge dazu, die Pistole unter seinem Kopfkissen zu entsichern und durch die Glastür zu schießen – er habe sich, so erläuterte Busch es dem Gutachter, auch um die Sicherheit seiner beiden Mitbewohner gesorgt.

Wolfgang Busch habe sich an jenem Morgen entscheiden müssen, ob er »Arsch oder Held« sein wolle – so habe der Angeklagte es selbst gesagt. »Und wofür hat er sich entschieden?«, fragt Richterin Barbara Richter-Zeininger. »Er findet das nicht gut«, sagt Wörthmüller, »dass er einen Polizisten getötet hat.«

Schwer zu sagen, wie glaubwürdig das ist. Wolfgang Busch hat etwas Sphinxhaftes: Mal wirkt er wie ein freundlicher Bildungsbürger, der an jenem Morgen im Oktober vielleicht kurz die Kontrolle verlor. Mal kann man sich durchaus vorstellen, dass sich hinter einer unauffälligen Fassade ein Verschwörungstheoretiker verbirgt – einer, der für seine Überzeugungen töten würde.

Der Prozess zieht sich über sieben Wochen und sechs Tage. An 15 Verhandlungstagen werden Akten vorgelesen, Polizisten als Zeugen vernommen, sogar ein Ortstermin anberaumt – um 5.30 Uhr am Tatort in Georgensgmünd. Als Wolfgang Busch am 23. Oktober 2017 zum letzten Mal den Schwurgerichtssaal 600 im Nürnberger Landgericht betritt, grinst er. Vielleicht erwartet er ein mildes Urteil, vielleicht will er auch einfach nur als glücklicher Mann in die Justizgeschichte eingehen, wer weiß das schon. Kaum zwei Minuten lang hält sich das breite Lächeln in seinem Gesicht, dann kommen die Richter und verkünden das Urteil.

Lebenslange Haft. Die Mimik des Polizistenmörders Busch gefriert.

Was folgt, ist eine Urteilsbegründung der deutlichen Art: Wolfgang Busch ermordete demnach einen Polizisten heimtückisch und verletzte zwei weitere mit Schüssen.

Richterin Barbara Richter-Zeininger ziseliert nun die Vorgeschichte, die zu dem fatalen Schusswechsel führte.

Busch habe die Überprüfung seiner insgesamt einunddreißig Lang- und Kurzwaffen durch das Landratsamt abgelehnt und sich auf den daraufhin angeordneten Polizeieinsatz an seinem Haus vorbereitet, sagt sie. Als sich der SEK-Beamte Daniel E. mit einem Hydraulikgerät an der Tür zu schaffen machte, ohne Waffe oder Schutzschild, eröffnete Busch dem Urteil zufolge von innen das Feuer. Elf Schüsse gab der Kampfsporttrainer ab, sieben Kugeln trafen den Polizisten E., ein Projektil verwundete den 32-Jährigen tödlich. »Sieben von elf«, sagt Richter-Zeininger, »eine gute Trefferquote.«

Was die Richterin sagen will: Die Version des Angeklagten, in blanker Panik und aus Angst um seine beiden Mitbewohner geschossen zu haben, ist unglaubhaft. »Der Angeklagte hat nicht blindlings losgeschossen«, sagt Richter-Zeininger, »sondern zuerst eine Entscheidung getroffen.«

Nun geht Richter-Zeininger auf die »Reichsbürger«-Ideen ein, für die Busch offenkundig einiges übrighatte. Der Vater und einst erfolgreiche Vermögensberater machte demzufolge seit 2015 eine Veränderung durch – »und baute sich ein eigenes System auf«. In diesem System ist die Bundesrepublik eine GmbH – mit Personal, nicht aber mit legitimen Behörden, Gesetzen oder Amtsträgern. So sieht die Welt der »Reichsbürger« aus, es ist augenscheinlich auch die Welt des Wolfgang Busch.

Der Verfassungsschutz geht zu diesem Zeitpunkt von bundesweit fünfzehntausend »Reichsbürgern« aus – die offiziellen Zahlen werden immer wieder nach oben korrigiert. Gehört auch Busch zu dieser Szene? Er selbst und seine Verteidiger bestreiten das, die Richter der 5. Strafkammer kommen zu einem anderen Ergebnis. So differenziere Busch zwischen Menschen und Personen – Letztere sind im »Reichsbürger«-Duktus lediglich bundesrepublikanisches GmbH-Personal. Sich selbst bezeichne er in sogenannten Willens- oder Lebenderklärungen mal als »Ich, der ich bin«, mal als »lebender Mann und wahrhaftiger Mensch«, mit dem Ziel, die Freiheit seines Volkes »mit Blut, Eisen und Feuer zu verteidigen«.

Die selbst gewählte Isolation eskalierte schnell, wie aus der Urteilsbegründung hervorgeht: Anfang 2016 gab Busch seinen Personalausweis zurück und meldete seinen Wohnsitz ab, in den folgenden Monaten vernetzte er sich immer enger mit Gleichgesinnten. Einer sticht besonders hervor: Adrian U., der ehemalige Mister Germany, der ebenfalls wegen Schüssen auf Polizisten vor Gericht landete.

Der Kampfsporttrainer Busch und der Ex-Schönheitskönig U. kennen sich dem jetzigen Urteil zufolge seit Längerem – und bauten sich eine Fantasiewelt auf: U. erklärte sein Grundstück in Sachsen-Anhalt zum »Staat Ur«, Busch proklamierte den »absoluten Staat«. Im August 2016 verbrüderten sie sich mit einem Pakt, verpflichteten sich zu gegenseitigem Beistand – politisch, wirtschaftlich, militärisch.

Was grotesk wirken mag, nahm bald bedrohliche Züge an: Als das Landratsamt im fränkischen Roth Buschs Waffensammlung inspizieren wollte, ließ er die Beamten immer wieder abblitzen. Die Behörde widerrief daraufhin die waffenrechtlichen Genehmigungen. Doch statt der Waffen bekam das Amt von Busch nur seltsame Briefe. »Mein Tun geschieht immer in liebevoller

Absicht«, steht darin, und: »Ich bin nicht damit einverstanden, verwaltet oder regiert zu werden.«

Kann ein gesunder Mensch all das ernst meinen?

Der Psychiater Wörthmüller erkannte jedenfalls nichts, was auf eine Verminderung der Schuldfähigkeit hindeuten könnte. Buschs Weltbild ist demnach abnorm, aber nicht wahnhaft. Was folgert daraus? Seine Verteidiger hatten auf Notwehr plädiert und eine überschaubare Haftstrafe wegen fahrlässiger Tötung gefordert. Die Richter sind hingegen davon überzeugt, dass der Angeklagte sich auf den nahenden Polizeieinsatz akribisch vorbereitete. Ein Zeuge hatte vor Gericht unter Eid ausgesagt, sich mit Busch beim Pokern in einem FKK-Klub darüber unterhalten zu haben. »Aber bei mir kommen die nicht rein«, soll Busch getönt haben, »ein paar von denen nehme ich mit.«

Die Staatsanwaltschaft hatte angesichts solcher Aussagen gefordert, im Urteil eine besondere Schwere der Schuld festzuhalten – dann hätte Busch nicht nach 15 Jahren freikommen können. Da der Angeklagte aber nicht vorbestraft ist und auch selbst bei dem tödlichen Vorfall verletzt wurde, lehnt das Gericht dies ab.

An den niederen Beweggründen ändere das aber nichts, sagt Richter-Zeininger: Buschs Weltsicht zufolge sei nicht der Mensch Daniel E. gestorben, sondern lediglich ein Amtsträger. Ein solcher Angriff auf Repräsentanten des Staates sei »verachtenswert und steht auf tiefster Stufe«. Diese Botschaft des Urteils gilt Tausenden Verschwörungstheoretikern, Radikalen und Staatsfeinden: Niemand hat das Recht, aus Hass auf das System zu töten.

Das Urteil macht deutlich, wie groß die Gefahr ist, die von »Reichsbürgern« ausgehen kann, aber der Prozess zeigt auch: Eine straff organisierte Massenbewegung, die den Staat von rechts aufzurollen versucht, ist da nicht im Anmarsch. Hinter dem viel beschworenen Rechtsruck jedenfalls stehen wohl kaum Verschwörungstheoretiker und gefährliche Einzeltäter wie Wolfgang Busch – sondern eher Menschen, die sich selbst dem bürgerlichen Lager zurechnen würden. Leute mit Sorgen um Identität, Tradition, Heimat. Leute, für die irgendjemand den Begriff des »besorgten Bürgers« erfunden hat.

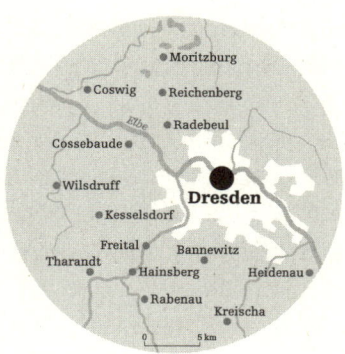

DER BESORGTE MANN

Er hat ein Buch mitgebracht, »Mainstream« steht auf dem Deckel. »Da drin erfährt man einiges«, sagt Herr Müller und lächelt unschuldig. Der Untertitel steht in großen Buchstaben auf grellem Orange: »Warum wir den Medien nicht mehr trauen.«

Die These von den unehrlichen Systemmedien, geht ja gut los.

Ach, sagt Müller, vom Wort »Lügenpresse« halte er ja nicht so viel, aber an der damit verbundenen Kritik sei schon was Wahres dran: am Unterschied zwischen öffentlicher und veröffentlichter Meinung. An der Entfremdung von Regierung und Regierten. Am Gefühl, dass etwas aus den Fugen geraten ist. So ziemlich alles, eigentlich.

Für Leute wie Torben Müller wurde der Begriff des »besorgten Bürgers« erfunden. Der 49-Jährige, der in Wahrheit einen anderen Namen trägt, löffelt in einer Trattoria in der Dresdner Neustadt ein Süppchen – und schimpft. Über die Politik Angela Merkels und den Linksruck des Parteiensystems und, und, und. Nur wegen sei-

ner Wut sitzt er überhaupt an diesem kühlen Mittwoch-
mittag beim Italiener und lässt sich befragen. Von einem
»Mainstream-Journalisten«.

Im Frühsommer 2016 erfuhr Müller, dass eine Gruppe
Dresdner im Mittelmeer Flüchtlinge retten will, die in
Seenot geraten sind. Mission Lifeline, so heißt die Hilfs-
organisation, sammelte mit bemerkenswertem Erfolg
Spenden für diesen Einsatz.

Irgendwann traf Müller zufällig Axel Steier, den Chef
von Mission Lifeline, als dieser an einem Infostand Passanten um Spenden bat. Steier und Müller leben im selben Dresdner Viertel, womöglich kaufen sie in denselben
Geschäften ein. Räumlich sind sie sich nah, ansonsten
trennen sie Welten: Steier beklagt seit Langem, dass
Dresden ein Problem mit rechten Ideologien habe – für
das ein »sehr unterentwickeltes« Bürgertum mitverantwortlich sei.

Während ihres zufälligen Gesprächs gerieten die beiden schnell aneinander, so erzählt es Müller: Steier habe
sich auf seine Argumente gegen das Vorhaben der Flüchtlingshelfer nicht eingelassen – und habe sich schließlich
abgewendet.

Im Herbst 2016 erstattete Müller Anzeige gegen Mission Lifeline, und tatsächlich eröffnete die Staatsanwaltschaft Dresden ein Ermittlungsverfahren wegen des Ver-
dachts des »Einschleusens von Ausländern«. Dabei deutet
schon Müllers Anzeige darauf hin, dass es so weit nicht
hätte kommen müssen: Er sei selbst Mitglied in der Deutschen Gesellschaft zur Rettung Schiffbrüchiger, heißt es
darin; er begrüße die Idee, »Menschen vor dem Ertrinken
zu retten und sie wieder zurück ans Festland zu bringen«.

Die Staatsanwaltschaft stellte ihre Ermittlungen wenig später ein, aber Müller machte weiter: Im August nahm er Kontakt zum SPIEGEL auf, die E-Mail schrieb ein Freund in seinem Auftrag – wegen der »Befürchtungen, dass es bei Offenlegung seiner Daten gefährlich werden könnte«. Erst zehn E-Mails und mehrere Wochen später gab er eine Telefonnummer preis.

Ja, sein Misstrauen sei in den vergangenen Jahren schon größer geworden, sagt er nun im persönlichen Gespräch, vor allem gegenüber der Politik. »Wirklich bürgerliche Parteien gibt es ja kaum noch«, raunt er, und: »Man muss nicht bei Pegida mitlaufen, um die Politik Merkels und Schulz' kritisch zu sehen.«

Schon klar, aber was genau ist das Problem?

Angefangen habe es mit der sogenannten Griechenland-Rettung, sagt Müller, »Bankenrettung wäre ja der ehrlichere Begriff«. Die Positionen des damaligen AfD-Chefs Bernd Lucke hätten ihn »durchaus angesprochen« – eine ehrliche Debatte darüber sei jedoch ausgeblieben, weil die Parteien stets nach ihrer eigenen Weltanschauung entschieden. »Aber ob das fürs Gemeinwohl immer das Beste ist?«, fragt Müller. »Da hab ich meine Zweifel.«

Er hat grundsätzliche Zweifel am politischen System in Deutschland – ist aber zugleich kein Pegida-Brüller, kein Flüchtlingsheim-Anzünder, kein Nazi. Die Sache mit Herrn Müller ist kompliziert: Nur wer zu differenzieren und diskutieren bereit ist, kann vielleicht die wachsende Zahl der Müllers dieses Landes besser verstehen, ihre Zweifel und Ängste, so irrational und fragwürdig sie teilweise auch sein mögen.

Eine Kellnerin bringt den Hauptgang, Müller erzählt

von früher. Er wuchs in Sachsen auf, nach der Wende wurde er Beamter, heute arbeitet er in der Staatsverwaltung in Dresden. In den Neunzigern sei er einmal im Senegal und in Mali gewesen – in einigen jener Länder also, aus denen Tausende Menschen in Richtung Europa fliehen. Müller sagt: Würde man mehr Geld direkt in Krisenregionen investieren statt in die Versorgung von Migranten in Deutschland, gäbe es von denen weniger. »Die wollten damals schon alle da weg, und das kann ich auch gut nachvollziehen.« Aber, und jetzt legt er die Gabel kurz zur Seite, so gehe das nun mal nicht.

Müller setzt zu einem Vortrag an über das Asylsystem und die Globalisierung, zählt Studien auf, zitiert Peter Scholl-Latour, beruft sich auf Bevölkerungswissenschaftler. Er wirkt wie der erzkonservative Professor in einer Vorlesung über liberale Asylpolitik: »Was tut man Europa an, wenn man so viele Leute aus fremden Kulturen hier einfach ablädt, die keine Chance auf Integration haben?«, sagt er. »Das wird die Gesellschaft nur noch weiter spalten, inklusive Verteilungskämpfen und wohl auch einem Anstieg des Rassismus.«

Ginge es nach Müller, gäbe es kluge Alternativen. »Meinetwegen könnten noch eine Million junger Männer nach Deutschland kommen, wenn die Regel wäre: Wir bilden euch aus, schicken euch dann zum Aufbauen zurück in eure Heimatländer, und da gäbe es deshalb ein gewaltiges Wirtschaftswachstum«, sagt Müller. »Quasi ein Ausbildungsasyl.«

Die aktuelle Asylpolitik hingegen locke ständig mehr Migranten an – zumal dank der Seenotretter die Mittelmeerpassage inzwischen vergleichsweise sicher sei. »Der vermeintlich humanitäre Akt führt letztendlich zu mehr Toten«, sagt Müller. Er fordert eine »Güterabwägung«: Stelle man die aus seiner Sicht illegitime Seenotrettung ein, würden langfristig weniger Menschen sterben. Müller vergleicht nun Seenotretter mit solchen Leuten, die Molotowcocktails auf Asylheime werfen. Er behauptet: »Beide Gruppen gefährden das friedliche Zusammenleben in einer bisher größtenteils intakten Gesellschaft.«

Es sind Sätze wie dieser, die Müller herzlos wirken lassen, die sehr viele Fragen aufwerfen. Einerseits zeigt er Verständnis für die Nöte vieler Migranten, andererseits sieht er sie als Gefahr – wie passt das zusammen? Vielleicht zeigt sich an »besorgten Bürgern« wie Müller weniger die Spaltung des Landes als etwas ganz anderes: Das Land ist zersplittert, zerfasert, jedenfalls in deutlich mehr Fraktionen zerteilt als nur in die der »Linksgrünversifften« und der »Nazischweine«. Die Republik als Mosaik. Das Problem ist nur, dass die Meinungen zwischen den Extremen in der Debatte oft unsichtbar bleiben.

Herr Müller sieht sich dort, wo fast alle sein wollen, irgendwo in der Mitte. Im Internet finden sich leidenschaftliche Leserbriefe des Vaters zweier Kinder: Bei der »Zeit« beschwerte er sich über einen Artikel, in dem es um Sachsen und die AfD ging, dem Bayerischen Rundfunk schickte er eine Programmbeschwerde zu einem »Tatort« über das Thema Flüchtlinge.

Was treibt Torben Müller an?

Früher war er mal FDP-Mitglied, derzeit ist er parteilos, an Aufgeschlossenheit für politische Ideen mangelt es ihm offenbar nicht. »Aber die CDU unter Angela Merkel ist unwählbar geworden«, sagt er, »und mit der

AfD habe ich auch meine Probleme – aber immerhin gibt es jetzt wieder kontroverse Debatten im Bundestag.« Für den Erfolg der Rechtspopulisten seien die anderen Parteien verantwortlich: »Man kann eine Radikalisierung auch aktiv vorantreiben, indem man etwa mit AfD-Sympathisanten nicht mehr redet und sie ausgrenzt«, sagt Müller. »Wir müssen echt aufpassen, dass uns der ganze Laden nicht um die Ohren fliegt.«

Da würde vielleicht auch Flüchtlingshelfer Axel Steier zustimmen – aber mit dem will Müller momentan nicht reden. »Ich war angepisst, vor allem wegen seiner Arroganz«, sagt Müller. Steier begründet die Arbeit seiner Hilfsorganisation damit, dass alle Menschen in Seenot ein Recht darauf hätten, gerettet zu werden. »Vermeintlich humanitäre Gründe können ja nicht alles legitimieren«, sagt Müller dazu, »vor allem dürfen sie sich nicht gegen geltendes Recht setzen.« Warum etwa müssten die geretteten Afrikaner nach Europa gebracht werden?

Weil in Libyen viele Migranten Opfer von Ausbeutung, Folter und Mord werden, würde Axel Steier wohl entgegnen. Doch da Müller bei den Ermittlungsbehörden erwirkte, dass sein Name nicht herausgegeben wird, weiß Steier bislang nicht, wer seinen Verein angezeigt hat. Aber er hat einen Verdacht: Die Anzeige käme vermutlich aus den Reihen von Pegida, sagte er vor einigen Monaten der »Sächsischen Zeitung«. »Wir werden uns die Akten besorgen und versuchen, den Anzeigenerstatter zu schnappen.«

Zwei Männer mit völlig unterschiedlichen Weltsichten, die dem jeweils anderen Vorhaltungen machen – aber nicht miteinander sprechen. Kein Wunder, dass die Debattenkultur eine Krise durchmacht.

Steier mag ein linker Aktivist sein, aber ein Links-extremist ist er augenscheinlich nicht. Und Müller vertritt in Asylfragen zweifellos sehr konservative Positionen, aber das macht ihn noch nicht zum Menschenhasser. Das wird vor allem deutlich, wenn man mit ihm über AfD-Politiker spricht – über die berüchtigte Dresdner Rede von Björn Höcke zum Beispiel, die er sich auf YouTube angeschaut habe. Höcke hatte unter anderem das Berliner Holocaust-Mahnmal als »Denkmal der Schande bezeichnet« und »eine erinnerungspolitische Wende um 180 Grad« gefordert.

»Was mir wirklich Angst bereitet hat«, sagt Müller, »war die Stimmung in dem Saal. Was da heraus alles entstehen kann, bereitet mir große Sorgen.« Er befürchte, dass der Grat des Zivilisatorischen immer schmaler werde: »Das könnte bald kippen.«

Aber was wäre ein Gegenmittel?

Eine Kellnerin ersetzt den leeren Teller vor Müller durch einen Cappuccino, dann entpuppt sich der einstige FDP-Mann plötzlich als Kapitalismuskritiker: Die Reichen würden immer reicher, die Migrationskrise sei nur die logische Folge einer gefährlichen Globalisierung. »Ich wünsche mir die alte Bundesrepublik zurück«, entfährt es Müller mit einem Seufzer, »wo Sozialstaatlichkeit noch was war und es nicht diesen aggressiven Neoliberalismus gab.«

Müller schlürft seinen Cappuccino aus, er lächelt. Das Treffen verlief in seinem Sinne, jemand hat zugehört, ihn ausreden lassen.

Als Müller nach der Verabschiedung geht, lässt er das »Mainstream«-Buch auf dem Tisch liegen – das mit der

These von den Medien, denen »wir nicht mehr trauen«. Ein Blick ins Impressum, um zu überprüfen, ob es ein dubioser Verschwörungstheoretiker-Verlag herausgegeben hat. Nicht ganz: »Sonderauflage für die Landeszentrale für politische Bildung«.

Das Treffen mit Müller zeigt auch, welch große Verantwortung Medien in alledem spielen. Wann Journalisten differenzieren und abwägen, wann sie zuspitzen oder übertreiben – all das hat eine riesige Bedeutung für den Verlauf solcher Debatten. Medienvertreter sind die Wächter eines enormen Schatzes: Aufmerksamkeit. Und um die buhlen nicht nur Pegida und die AfD, sondern auch linke Aktivisten.

Was passiert, wenn beide Gruppen im Kampf um Aufmerksamkeit für ihre Sache aufeinandertreffen, lässt sich ein paar Wochen später im Nordwesten von Thüringen beobachten.

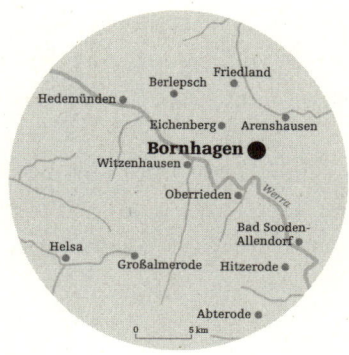

DIE WÄHRUNG »AUFMERK- SAMKEIT«

Es dauert vier Stunden, bis das akribisch vorbereitete Spektakel die erwünschte Wucht entfaltet. Um 9.55 Uhr rollen zwei Streifenwagen auf den Kirchplatz von Bornhagen, einen Schotterweg im Süden des malerischen Dörfchens. »Das ist nicht rechtens«, ruft ein Beamter dem Kamerateam zu, das sich dort gerade positioniert. »Jetzt machense ma die Kamera aus und löschen das Material.«

Reporter und Polizisten liefern sich daraufhin ein hitziges Wortgefecht – es soll nicht das letzte bleiben an diesem Vormittag im November 2017. Bornhagen, ein 270-Seelen-Idyll im thüringischen Eichsfeld, ist der Wohnort des AfD-Politikers Björn Höcke. Und es ist der Schauplatz einer politischen Kunstaktion, wie sie das betuliche Eichsfeld wohl noch nie erlebt hat.

Im Garten der Nachbarn von Familie Höcke ist in den vergangenen Tagen klammheimlich ein Ableger des Berliner Holocaust-Mahnmals entstanden. Vierundzwanzig Nachbildungen der bekannten Betonstelen stehen nun in Bornhagen, errichtet für nur einen einzigen Betrachter: Björn Höcke.

Der Chef der Thüringer AfD, der dem stramm rechten Parteiflügel zugerechnet wird, schaut seit diesem kalten Herbstmorgen beim Blick aus dem Fenster auf das Mahnmal. Geplant, gegossen, heimlich angekarrt und errichtet wurden die Stelen von Aktivisten des »Zentrums für politische Schönheit«, kurz ZPS. Die Künstler haben für diesen Zweck extra das Nachbarhaus angemietet. Das Ziel: Provokation, Aufmerksamkeit.

Der Plan geht auf.

Um kurz nach zehn kommt ein älterer Herr auf den Kirchplatz gehastet, er schnaubt vor Wut. »Die sollen sich wegmachen, das Dreckspack«, ruft er den Journalisten zu, »macht euch weg, lasst doch den Höcke in Ruhe!« Der Wüterich, ein kleiner Herr in Trainingsjacke, gibt sich als Rentner aus dem Ort zu erkennen. Die Familie des AfD-Politikers kenne er gut, sagt er, »der Höcke ist mein bester Freund«.

Was ihn so aufrege? »Dass immer alle um den Höcke herumschwirren«, sagt er. Das Mahnmal der Aktivisten interessiere ihn gar nicht, die Familie des Politikers solle nur einfach in Ruhe gelassen werden. »Wir sind froh, dass wir so einen Kerl haben«, legt er nach. »Weil er gute Politik macht.«

Die Initiatoren des Höcke-Mahnmals sehen das natürlich anders. Das Mahnmal ist dem ZPS zufolge eine Reaktion auf Höckes berüchtigte Dresdner Rede aus dem Januar. Damals hatte der AfD-Mann vor Gesinnungsgenossen unter anderem gesagt: »Wir Deutschen, also unser Volk, sind das einzige Volk der Welt, das sich ein Denkmal der Schande in das Herz seiner Hauptstadt gepflanzt hat.«

Das Bornhagener Mahnmal sei eine Reaktion auf diese Rede, sagt Morius Enden vom ZPS, der an diesem Morgen lächelnd zwischen den Stelen wandelt. Und es sei offenbar gelungen, Höcke damit wirklich zu überraschen – der habe am frühen Morgen ziemlich gestaunt: »Irgendwann standen drei Leute am Fenster«, sagt Enden, »und haben *so* geguckt.« Der 26-Jährige reißt die Augen und den Mund auf, dazu wiegt er leicht den Kopf.

Die Aktion erschöpft sich nicht in Betonquadern: In einem unaufgeräumten Raum des ZPS-Unterschlupfs, der ursprünglich mal als Küche geplant war, hängt ein Plakat voller Namen und Linien an der Wand. In der Mitte steht »Björn Höcke«, drum herum schwirren Begriffe wie »Deutsches Kolleg«, »Bund Deutscher Unitarier«, »Republikaner«. Draußen bauten die Aktivisten »den erinnerungspolitischsten Beton aller Zeiten«, drinnen analysierten sie das Gebaren ihres Nachbarn.

Höcke habe von alldem nichts mitbekommen, da ist sich Aktivist Enden sicher. Wie es gelungen sei, vierundzwanzig Betonquader unbemerkt neben dem Haus des AfD-Mannes aufzustellen? »Mit einem absolut tollen Team und Präzisionsarbeit«, sagt Enden. Die Kosten spielte ein Crowdfunding, unterstützt von einer aufwendigen Kampagne, binnen vier Stunden ein. Mehr Details wolle er über die Vorbereitungen nicht verraten, sagt Enden, nur das noch: »Es ist wirklich groß geworden.«

Gegen 10.15 Uhr klingelt es an der Tür. Es sind die beiden Polizisten; sie haben es sich offenbar zur Aufgabe gemacht, das kuriose Treiben im Dorf irgendwie zu sortieren. »Haben Sie die Parkplatzsituation mal bedacht?«, fragt der eine. »Die Leute parken ja schon auf dem Gehweg.« Sein Kollege gibt sich diplomatischer. »Sprechen Sie vielleicht mal mit dem Bürgermeister, damit es keinen Ärger gibt«, sagt er – und schiebt noch eine Frage hinterher: »Gibt es hier feste Öffnungszeiten?« Die Antwort: »Nö.«

Die Aktivisten wollen kein Holocaust-Museum und erst recht keinen Publikumsverkehr. Das würde wohl auch bei einem Teil ihrer Arbeit stören, glaubt man der Darstellung des ZPS: An mehreren Bäumen im Garten hinterm Haus sind Kameras installiert – mit Blickrichtung zum alten Pfarrhaus, in dem die Höckes wohnen. Im ZPS-Unterschlupf gibt es auch ein Zimmer, rechts neben der Haustür, das sie »Überwachungsraum« nennen. Sechs Bildschirme sind darin auf- und nebeneinandergestapelt, auf dem Tisch liegen zwei angebissene Waffeln auf einem Teller. Künstler, die Politiker überwachen?

Allerdings, behauptet das ZPS, und das schon seit zehn Monaten. Die Aktivisten gründeten nach eigenen Angaben einen »Zivilgesellschaftlichen Verfassungsschutz«, der Höcke bespitzelte. Angeblich wissen sie nun, wann ihr ungeliebter Nachbar sein Holz hackt, welche Verlage ihm Broschüren schicken, wie es seinen Schafen geht. All das würden sie öffentlich machen, sagen die Aktivisten – es sei denn, der AfD-Mann leistet Abbitte und kniet vor dem Bornhagener Holocaust-Mahnmal nieder.

Keine Frage, Björn Höcke ist ein streitbarer und umstrittener Politiker, seine Nähe zu ultrarechten und auch rassistischen Ideen lässt sich nicht leugnen, selbst seine eigene Partei wollte ihn loswerden – vergeblich. Aber rechtfertigt das Schnüffelmethoden und eine Erpressung mit angeblichen Details aus seinem privaten Umfeld?

»Gegen Nazis wenden wir Nazimethoden an«, sagt Enden. Das klingt kernig. Aber es beantwortet nicht die Frage, ob die Lage in Deutschland tatsächlich so ernst ist, dass im politischen Gefecht auch das Privatleben angegriffen werden darf. Und ist es nicht am Ende Höcke selbst, der sich als Opfer einer linksgrünen Schmutzkampagne inszenieren kann – und von der Aktion womöglich noch profitiert?

In Bornhagen gibt es Unterstützung für Höcke. »Das hat was mit Pietät zu tun«, sagt kopfschüttelnd einer der Bauarbeiter, die neben der Kirche vor Höckes Haus gerade einen Behindertenparkplatz pflastern. »Die sollen bei ihm auf der Arbeit einfallen und nicht hier«, sagt ein anderer, und ein dritter: »Das ist doch hier seine Privatsphäre, mit Familie und so.«

Dass Höcke in Bornhagen keine Revolte gegen sich fürchten muss, war schon vorher klar. Bei der Thüringer Landtagswahl vor drei Jahren, lange vor dem bundesweiten Durchbruch der AfD, erreichte er in seinem Dorf beachtliche Zahlen: 36,5 Prozent der Bornhagener Zweitstimmen entfielen auf seine Partei, der Direktkandidat bekam sogar mehr als 38 Prozent.

Am Mittag wird der Auflauf vor dem Haus der Höckes immer größer. Ein halbes Dutzend Einsatzwagen steht inzwischen da, das Ordnungsamt ist vor Ort, überall laufen Reporter und Kameramänner umher. Vor dem Haus der Aktivisten rottet sich am Nachmittag ein aufgebrachter Mob zusammen, ein Polizist rechnet ihn der AfD zu.

Die Gruppe stellt sich in die Einfahrt zum Haus, das die Künstler angemietet haben – und versucht, Journalisten den Zugang zu verwehren. Es kommt zu einer Rangelei, Tätlichkeiten, Schläge gegen Kameras. Die Polizei greift ein und schickt die bürgerwehrähnliche Truppe heim: Die braust wenig später in acht Autos davon.

Schnell wieder abgehauen ist auch der wütende Rentner, der sich als Höckes bester Freund bezeichnet hat. »Ich muss jetzt mal 'nen Knüppel herholen«, hatte er nach seinem Auftritt am Morgen einigen Journalisten zum Abschied zugebrüllt, »früher hätt ich euch mit der Schlinge weggefangen!«

Zwei Straßen weiter hatte er sich wieder beruhigt. Die Fernsehteams haben seine Tirade aufgenommen, auch er ist an diesem Tag seine Botschaft losgeworden. »Ich geh jetzt nach Hause«, sagte er ganz friedlich. »Ich hab genug gesagt.«

Das letzte Wort gesprochen ist trotzdem nicht. In den Tagen und Wochen nach der Enthüllung der Bornhagener Stelen wird deutlich, dass die angebliche Überwachungsaktion nur eine Inszenierung war, trotzdem landet die Sache vor Gericht: Die Staatsanwaltschaft leitet Ermittlungen ein, schließlich darf sich einer der Aktivisten dem Haus der Höckes nicht mehr nähern.

Es bleibt ein zwiespältiger Eindruck zurück nach diesem Tag in Bornhagen: Eigentlich gut, wenn Aktivisten sich für ihre Sache starkmachen – aber es gibt nun mal Grenzen. Eigentlich auch gut, wenn Anwohner sich für einen Nachbarn starkmachen – aber es gibt wohl Menschen, die auf die Solidarität ihrer Nachbarn noch mehr angewiesen sind als ein Parlamentsabgeordneter und AfD-Landesvorsitzender.

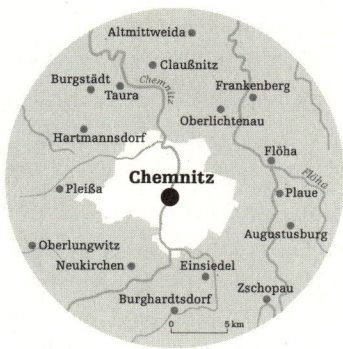

SOLIDARITÄT IM NAZI-KIEZ

Eines der Hakenkreuze findet Kaya Yavuz geradezu albern. Mit roter Farbe haben die Täter es auf den Deckel eines Lüftungsschachts geschmiert, der vor seinem Laden aus dem Boden ragt – die Schmiererei wäre damit aus einem Flugzeug besser zu erkennen als von der anderen Straßenseite. »Ich weiß nicht«, sagt Yavuz an diesem kalten Wintertag im Januar 2018, »warum man auf so etwas ein Hakenkreuz macht.« Es klingt fast spöttisch.

Dabei stellt sich diese Frage natürlich nicht nur mit Blick auf den Lüftungsschacht. Die Täter haben sich auf dem gesamten Gelände von Yavuz' Fladenbrotbäckerei im Chemnitzer Stadtteil Sonnenberg ausgetobt: An allen Außenwänden des flachen Gebäudes prangen Hakenkreuze und SS-Runen, Chiffren aus der rechten Szene wie die Zahlenkombination 88, Sprüche wie »Tod und Hass«. Die Tat ist zwei Wochen her, bislang hat die Polizei keine Verdächtigen identifiziert.

Der Fall fügt sich auf den ersten Blick in ein kollektiv verfestigtes Bild: Rassisten in Sachsen, in Sachen rechte Kriminalität behäbige Strafverfolgungsbehörden, ein alleingelassenes Opfer mit Migrationshintergrund, eine schweigende Mehrheitsbevölkerung. Eine gefährliche Mischung aus Hass, Versagen und Ignoranz wäre das.

Aber im Fall von Kaya Yavuz, diesem gepflegten Herrn mit kurzem Haar und festem Blick, ist vieles ganz anders.

Anders ist, dass Yavuz eben nicht alleingelassen wurde. Er vermutet, dass Anwohner die Polizei alarmierten, weil vor dem Laden Verdächtige rumlungerten. Die Polizei kam zügig zur Bäckerei in die Jakobstraße und sprach die drei Männer dort an – das belegen die Bilder der sechs Überwachungskameras auf dem Firmengelände.

Anders ist auch, dass diese Form von Rassismus einer Mehrheit eben nicht egal ist. Wer in den Straßen rund um die Bäckerei mit Anwohnern spricht, bekommt zwar manche Verharmlosung zu hören (»Lausbuben«, »Dummejungenstreiche«), aber dennoch meist eine klare Verurteilung der Tat – und das, obwohl der Stadtteil Sonnenberg als Neonazi-Hochburg gilt. Einige Nachbarn hätten sogar angeboten, beim Überstreichen der Schmierereien zu helfen, sagt Yavuz. Das lasse er jetzt aber professionell von einer Firma machen, die ihm aus Solidarität einen Rabatt von fünfzig Prozent gewähre.

Und anders ist, dass die Ermittler eben nicht untätig blieben. Zunächst hatte es in Medienberichten geheißen, die herbeigeeilten Polizisten hätten die Täter nach einem kurzen Gespräch einfach weitermachen lassen. Inzwischen ist aber klar, dass die Beamten mit den Verdächtigen sprachen, bevor diese an der Bäckerei zur Tat schritten. Die Polizisten waren also nicht nachlässig, sondern schlichtweg zu früh – und hatten zu dem

Zeitpunkt keine Handhabe gegen die drei vermeintlich harmlosen Männer. Auch deshalb sind deren Namen bis heute unbekannt.

Inzwischen ermittelt der Staatsschutz wegen des Verwendens von Kennzeichen verfassungswidriger Organisationen und Sachbeschädigung. »Auf Grundlage der Videoaufnahmen gehen wir derzeit von drei Tätern aus«, teilt Polizeisprecherin Jana Kindt auf Anfrage mit. »An ihrer Identifizierung arbeiten wir mit Hochdruck.« Yavuz sagt über die Polizei: »Die machen eine sehr gute Arbeit!«

Unstrittig ist immerhin, was die Täter in der Nacht auf den 9. Januar rund um die Bäckerei Zozan trieben, nachts zwischen 1 und 2 Uhr, im Licht der Scheinwerfer und Straßenlaternen. Yavuz konnte davon nichts mitbekommen, weil er in Zwickau lebt und nur für die Arbeit nach Chemnitz pendelt. So hinterließen die Täter in aller Seelenruhe ihre rechtsextremen Botschaften, laut Polizei auch an anderen Stellen in den umliegenden Straßen – aber nirgends so massiv wie an der Bäckerei. Sachschaden insgesamt: etwa elftausend Euro.

In seinem hellgelb gestrichenen Büro stützt Yavuz die Ellbogen auf den Schreibtisch und erzählt. Am frühen Morgen habe ihn einer seiner Mitarbeiter aus der Bäckerei angerufen und berichtet, was vorgefallen sei. Ihm sei sofort klar gewesen, sagt Yavuz, worum es sich handele: »Das ist ein richtiger Angriff auf uns.« Dem 52-Jährigen zufolge fotografierten die Täter ihr vollbrachtes Werk sogar in aller Ruhe, als seien die Bilder Trophäen oder ein Arbeitsnachweis, so interpretiert er zumindest die Bilder aus der Überwachungskamera.

Yavuz steht auf, geht durch zwei Türen auf den Parkplatz vor dem Haus und zeigt auf die beschmierten Außenwände: Erst im vergangenen Jahr habe er das ganze Gebäude renovieren und neu streichen lassen, sagt er. »So kann das nicht bleiben«, schon der Anblick sei für ihn eine psychische Belastung.

Yavuz ist anzumerken, dass ihn vor allem eine Frage bewegt: Warum ausgerechnet ich?

Seit fast einem Vierteljahrhundert lebt er in Sachsen, er wurde nach eigener Aussage noch nie rassistisch angegangen. Natürlich wisse er, sagt Yavuz, dass es ein Problem mit Rechtsextremismus in der Region gebe; immerhin sei die NSU-Terrorzelle ja in seinem Wohnort Zwickau entstanden.

»Sachsen hat ein Problem«, sagt Yavuz, nun ist es auch sein Problem. Wenn die Wirtschaft mal wieder schwächele oder noch mehr Asylsuchende nach Deutschland kämen, dann werde die AfD richtig stark. »Und dann müssen wir alle gehen, alle Ausländer.« Yavuz sagt: »Ich habe Angst.«

Der Kurde Kaya Yavuz, 1995 aus der Türkei als Asylsuchender nach Deutschland geflohen, wirkt vorbildlich integriert. Er spricht passabel Deutsch, sein Sohn studiert, und die vor fünf Jahren gegründete Firma ist ein Erfolgsmodell: Yavuz liefert Fladen-, Dürüm- und Kebab-Brote bis nach Thüringen und Tschechien, etwa 3000 Stück produziert er täglich. Dreizehn Mitarbeiter beschäftigt der einstige Flüchtling heute und sagt: »Ich glaube, das ist nicht so schlecht für Chemnitz.«

Wie denkt Yavuz über die Täter, die ihn mit ihren rechten Schmierereien so angegriffen haben?

Yavuz lächelt sanft. Er habe die Gesichter der Burschen ganz klar auf den Überwachungsaufnahmen erkannt, »die waren fünfundzwanzig, sechsundzwanzig, Maximum«. Das Problem seien diejenigen, die junge Menschen zu solchen Taten anstifteten – und nicht diese drei Feierabend-Nazis. »Wenn die zu mir kommen, sich für ihre Dummheit entschuldigen und alles wieder sauber machen«, sagt Yavuz, »dann würde ich ihnen verzeihen.«

Es wäre das versöhnliche Ende einer Geschichte, die ohnehin Hoffnung macht – dank solidarischer, hilfsbereiter Nachbarn in einem eigentlich verrufenen Viertel. Könnte es sein, dass sich hinter solch hässlichen Geschichten rechter Übergriffe in Sachsen häufig auch eine Geschichte über Solidarität und Mitmenschlichkeit verbirgt? Dass es gar nicht so oft um rechts gegen links geht, oder um Einheimische gegen Zugezogene?

ALLE GEGEN ALLE

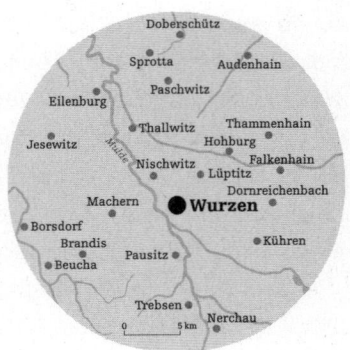

Seinen richtigen Namen will er nicht nennen. Sein Gesicht will er nicht zeigen. Aber reden will Ahmad, über seinen Wohnort, dieses durchrestaurierte Idyll östlich von Leipzig. »Wurzen ist eine gute Stadt«, sagt der 18-Jährige, »aber nicht für Flüchtlinge und Ausländer.« Er und seine Familie jedenfalls, das stehe nun fest, würden so schnell wie möglich wegziehen.

Der Afghane hockt an diesem Januartag in einem Zimmerchen nahe dem Wurzener Dom, atmet tief durch und erzählt: von seiner Sicht der Dinge, von der Stimmung im Ort, vom Park am Bahnhof. »Um 18 Uhr, wenn es dunkel wird, sind da die Nazis«, sagt Ahmad. »Die machen Stress und schlagen Ausländer.«

Ahmad selbst hat bislang keine Schläge abbekommen, wie er sagt, aber einige seiner Freunde. Die Aggressionen gegen Flüchtlinge beschäftigen die 16 000-Einwohner-Stadt seit Längerem. Zuletzt eskalierte die Situation im Ort mehrfach binnen weniger Tage; betroffen von Bedrohungen, Übergriffen, Gewalt sind Flüchtlinge, Journalisten – und auch mutmaßliche Rassisten.

140

In Wurzen zeigt sich exemplarisch, warum mancherorts die Stimmung zu kippen droht. Der Frust entlädt sich am 12. Januar 2018. In jenem Park, der wie ein Nadelöhr zwischen Stadtzentrum und Bahnhof liegt, geraten an diesem Abend laut Polizei zwei Gruppen »junger Deutscher und Ausländer« aneinander. Die erste Rekonstruktion ergibt Folgendes: Die Zuwanderer ziehen sich nach einem Verbalscharmützel in ihre nahe gelegene Wohnung zurück, verfolgt von zwei Deutschen, die dort gegen die Haustür hämmern und eine Scheibe einschlagen.

Mehrere der Zuwanderer kommen nun aus dem Haus, folgen den beiden Deutschen – die daraufhin im Park Unterstützung von etwa dreißig Landsleuten erhalten. Diese Gruppe wiederum verfolgt nun die Ausländer zurück zu deren Haus, aus dem daraufhin ein Dutzend Migranten mit Messern und Knüppeln stürmen. Im folgenden Kampf erleiden zwei junge Deutsche Stiche ins Bein, irgendjemand setzt einen Elektroschocker ein, im Haus tobt die Gewalt bis zum Eintreffen der Polizei weiter. Die Bilanz: vier verletzte Deutsche, zwei von ihnen schwer, drei verletzte Ausländer.

Die Ermittler weisen zugleich darauf hin, dass die Hintergründe der Schlägerei noch unklar sind und man zur »Vereinfachung« auf die wenig differenzierenden Begriffe »Deutsche« und »Ausländer« zurückgegriffen habe. »Die Polizeidirektion Leipzig kann gegenwärtig noch nicht sagen, welcher konkrete Anlass die Gewaltkette begründete«, heißt es in der Mitteilung. Das Geschehen sei so unübersichtlich gewesen, dass man noch nicht sicher sagen könne, wie genau es sich abgespielt hat.

Vielleicht weiß ja Wurzens Oberbürgermeister mehr.

»Am Abend des 12. Januar spielte sich hier ein Drama ab«, sagt Jörg Röglin. Er lehnt sich in seinem Bürostuhl weit zurück und geht direkt zur Rechtfertigung über: »Wir tun das, was wir können.« Der SPD-Politiker erzählt, dass die Stadt Projekte gegen Extremismus unterstütze, dass alle Flüchtlinge dezentral untergebracht seien, dass im Bahnhofspark ein Alkoholverbot gelte. Aber das reiche nun mal nicht, um solche Probleme schnell zu lösen. Und einen schlechten Ruf habe der Ort ja nicht erst seit dem 12. Januar.

Was Röglin damit meint: Wurzen ist nicht nur seit Jahrzehnten bekannt für seine Kekse und die Gedichte des gebürtigen Wurzeners Joachim Ringelnatz, sondern auch als Hochburg gewaltbereiter Hooligans und Neonazis. In den Neunzigern jagten Rechtsextreme portugiesische Arbeiter durch die Stadt und überfielen ein Flüchtlingsheim, später folgen rassistische Ausfälle bei Jugendfußballspielen und der Verkauf von »Odin statt Allah«-Sweatern rechter Modelabels.

Aus diesem Milieu kamen vermutlich auch viele derjenigen, die am vergangenen Wochenende negativ auffielen. Bei einer Demo gegen Rassismus am Bahnhofspark tauchten mutmaßliche Neonazis auf, die vermummt und mit Schlagstöcken bewaffnet mehrere Journalisten einschüchterten. Am selben Abend, um 21.02 Uhr, zog die Polizei in einer Mitteilung ihr Fazit: »Eine friedliche Kundgebung in Wurzen mit keinerlei gewalttätigen Auseinandersetzungen.«

Oberbürgermeister Röglin will das nicht hinnehmen. Er strebt eine »Sicherheitspartnerschaft« mit der Polizei an, unter anderem will er künftig besser informiert sein über den Ermittlungsstand, um politisch reagieren zu können. Nach dem Gewaltexzess vom 12. Januar habe er schon am nächsten Tag Interviews gegeben, obwohl er da selbst nur die Pressemitteilung der Polizei gekannt habe.

Wie er das Problem nun angehen wolle? Röglin spricht über mehr aufsuchende Sozialarbeit, einen Erfahrungsaustausch mit anderen Bürgermeistern, vielleicht auch Überwachungskameras. Ein Allheilmittel, auch das macht er deutlich, gebe es aber nicht: »Natürlich kann man immer mehr machen, aber unsere Ressourcen sind begrenzt.« Er habe nicht einmal genug Leute, um das Alkoholverbot im Bahnhofspark durchzusetzen.

Es sei vielen Wurzenern nicht mehr zu vermitteln, »dass wir Regeln aufstellen, die dann keiner einhalten muss«, sagt Röglin. Viele würden selbst im Notfall nicht die Polizei rufen, »weil die einfach nicht schnell genug kommen«.

Das klingt nach Resignation, fast nach Kapitulation, aber so will der 47-Jährige nicht verstanden werden. »Wir haben keine Wahl: weitermachen«, sagt er. »Das war ein Rückschlag, aber keine Niederlage.«

So optimistisch sind bei Weitem nicht alle Wurzener. Jens Kretzschmar spaziert an diesem sonnigen Januartag durch den Bahnhofspark, er trägt Viertagebart und Turnschuhe. »Da drüben«, sagt er und zeigt in Richtung eines Parkplatzes, »haben sie Kerzen und Blumen hingelegt.« An die Stelle, auf die Kretzschmar zeigt, hatte sich nach der Schlägerei einer der Schwerverletzten blutend hingeschleppt. »Ich dachte erst, dass Tote gab, als ich die Kerzen gesehen habe«, sagt er.

Tote gab es nicht, aber die rechte Szene nutzt den Vorfall geschickt zur Konstruktion einer Opferrolle. Kretzschmar lacht darüber, es klingt verzweifelt. Der 44-Jährige ist Stadtrat für die Linken und Gründer des »Netzwerks für demokratische Kultur«, das sich für Flüchtlinge einsetzt.

In den vergangenen Jahren sei die Zahl der Unterstützer deutlich gestiegen, sagt Kretzschmar, viele hätten eine klare Haltung. »Für die einen ist es ein Ausländerproblem, für die anderen ein Naziproblem.« Und auf gewisse Weise habe die jüngste Eskalation ja vielleicht sogar was Gutes: »Jetzt wurde deutlich, dass noch mehr gegen rechts getan werden muss.«

Kretzschmar sorgt sich vor allem um die rund zweihundert Flüchtlinge in Wurzen. »Viele haben schon die Stadt verlassen oder suchen gerade eine Wohnung in Leipzig«, sagt er. »Ich hoffe nicht, dass es so weitergeht – und sich die Wurzener auch mal darüber Gedanken machen.«

Im Ort kursieren zahlreiche Gerüchte: Die Ausländer hätten die Attacke mit Kalkül geplant (»Warum sonst hatten die denn wohl Messer dabei?«), Deutsche hätten sterben sollen (»Einer liegt im Koma, und keiner weiß, ob er überhaupt durchkommt«), und die Journalisten wären sowieso gegen Wurzen (»Die verschweigen das doch alles«).

Müßig zu erwähnen, dass es für all das keine Belege gibt. Wie genau die Rollen von Opfern und Tätern am 12. Januar verteilt waren, ist laut dem zuständigen Terrorismus- und Extremismus-Abwehrzentrum der Polizei auch mehr als eine Woche nach dem Vorfall völlig unklar.

Das Gerücht, ein Deutscher sei in Bauch und Gesicht ge-
stochen worden und schwebe seither in Lebensgefahr,
dementiert LKA-Sprecher Tom Bernhardt. Alle anderen
offenen Fragen könne er schlichtweg nicht beantworten:
»Wir wissen einfach noch nicht mehr, die Ermittlungen
laufen auf Hochtouren.«

Der Fall ist unübersichtlich – so unübersichtlich,
dass die Ermittlungen noch viele Monate andauern werden. Aber so kompliziert die Aufklärung auch zu sein
scheint, eines ist klar: Es gibt Leute im Ort, die einen re-
gelrechten Hass entwickelt haben – auf Zuwanderer, auf
Muslime. Woher kommt diese massive Ablehnung? Was
bestärkt womöglich seit Langem bestehende Vorurteile?
Steht eine riesige Bevölkerungsgruppe auch deshalb unter Generalverdacht, weil einzelne Zuwanderer brutale
Gewalttaten begehen?

Warum werden manche Muslime eigentlich zu Terroristen?

WERDEGANG EINES TERRORISTEN

Er tritt auf wie die Mensch gewordene Unscheinbarkeit. Ohne jede Geste setzt sich Ahmad A. an diesem kalten Tag im Januar 2018 auf die Anklagebank, scheu blicken die dunklen Augen ins Leere. Minutenlang bewegen sich seine Lippen sachte auf und ab, offenbar betet der 26-Jährige – bis die drei Richter den Saal 237 des Hamburger Strafjustizgebäudes betreten.

Ahmad A., dieser unauffällige Mann mit Vollbart und Rollkragenpullover, der im vergangenen Juli auf ein halbes Dutzend Menschen eingestochen hatte, soll ein Mörder sein, womöglich ein radikaler Islamist. Deshalb sitzt er an diesem Tag auf der Anklagebank. Und er lässt den ersten Prozesstag überraschend beginnen: mit einem umfassenden Geständnis.

Verteidiger Christoph Burchard verliest eine Erklärung, wonach Ahmad A. in allen Punkten die Vorwürfe des Generalbundesanwalts einräume. Worte des Bedauerns oder gar der Anteilnahme fallen nicht, nur dieser Satz: »Er übernimmt die volle Verantwortung.«

Oberstaatsanwältin Yasemin Tüz hatte A. zuvor vorgeworfen, am 28. Juli 2017 im Hamburger Stadtteil Barmbek den 50-jährigen Ingenieur Mathias P. in einem Edeka-Markt mit einem Küchenmesser ermordet und anschließend sechs weitere Menschen verletzt zu haben – heimtückisch und aus niederen Beweggründen.

Das Ziel des Muslims war es demzufolge, »wahllos deutsche Staatsangehörige christlichen Glaubens zu töten« – und zwar als »Beitrag für den weltweiten Dschihad gegen Ungläubige«. Chefanklägerin Tüz schildert, wie tief A. die 20-Zentimeter-Klinge in die Körper seiner Opfer rammte, wie viel Blut einige verloren, wie eine Frau nur dank einer Notoperation überlebte.

Laut Bundesanwaltschaft soll der seit Langem schwelende Streit um die Al-Aksa-Moschee in Jerusalem ein Motiv gewesen sein: Kurz vor dem Messerangriff von Barmbek hatten israelische Behörden an den Zugängen zum Tempelberg Metalldetektoren aufgebaut, was viele Muslime als Provokation empfunden hatten – womöglich auch Ahmad A., der mutmaßliche Messerstecher von Hamburg.

Dessen Anwalt jedenfalls spricht vor Gericht von einem religiösen Hintergrund, »der zum Zeitpunkt der Tat große Bedeutung für ihn hatte«. Allerdings habe sein Mandant damals unter »einer sehr großen inneren Anspannung« gestanden und könne sich an Details der Tat nicht erinnern – daher wolle er sich dazu gar nicht äußern.

Entsprechend wortkarg reagiert A. auf mehrere Fragen des Vorsitzenden Richters Norbert Sakuth.

Ob sich seine Religiosität in Deutschland stark verändert habe?

»Diese Frage möchte ich nicht beantworten.«

Ob er viele Drogen konsumiert habe?

»Das möchte ich auch nicht beantworten.«

Ob er sich im Internet über islamistische Organisationen informiert habe?

»Ich möchte darüber nicht sprechen.«

Ob er wenigstens was zu der Fahne des »Islamischen Staats« sagen möchte, die bei ihm gefunden wurde?

»Nein, möchte ich nicht.«

Dabei sind es wohl diese Fragen, die im Zentrum des Prozesses stehen werden. Unklar ist vor allem, wie aus dem gebildeten Flüchtling A. binnen weniger Jahre ein Gewalttäter wurde. Entscheidend wird am Ende wohl eine Frage sein: Handelte da ein islamistischer Überzeugungstäter oder ein psychisch Verwirrter oder eine Mischung aus beidem?

Am Verfahren beteiligt sind zwei Bundesanwälte, acht Nebenkläger mit vier Anwälten, mehrere Dolmetscher und Gutachter. Können sie überhaupt das Geschehen aufklären, wenn der Protagonist nichts dazu sagen möchte?

Immerhin: Über sein bisheriges Leben gibt A. einigermaßen bereitwillig Auskunft – so entsteht ein Mosaik aus Enttäuschungen, die den Werdegang dieses alleinstehenden Heimatlosen veranschaulichen. Als Neunjähriger sei er gemeinsam mit den Eltern und seinen fünf Geschwistern von Saudi-Arabien nach Gaza gezogen, der Heimatstadt seiner Mutter, dort habe er 2008 Abitur gemacht. Dann bricht seine Biografie.

In Ägypten habe er ein Semester lang Zahnmedizin studiert, sagt A., »danach habe ich mich entschlossen, nach Europa zu kommen«. Warum, will Richter Sakuth wissen. »Die Studiengebühren waren sehr hoch«, sagt er, »ich dachte, hier kann man auf eigenen Beinen stehen.« Zudem habe ihn die westliche Lebensweise fasziniert. Es folgte eine Odyssee: Zwischen 2009 und 2014 stellte er nach eigenen Angaben Asylanträge in Norwegen, Spanien, Schweden. Alle abgelehnt.

Mit dem Bus sei er schließlich nach Deutschland gefahren, habe in Dortmund einen weiteren Asylantrag gestellt, sei nach Hamburg geschickt worden. Ende 2016 habe es ihm gereicht, da hatte er auch von den deutschen Asylbehörden einen negativen Bescheid erhalten – weil er ja bereits in anderen Staaten Anträge gestellt hatte. Da habe er nach Gaza zurückreisen wollen, bei der palästinensischen Vertretung in Berlin einen neuen Reisepass beantragt, doch nichts sei passiert.

Richter Sakuth tastet sich nun behutsam an die Lebenswirklichkeit dieses rastlosen Migranten heran, fragt nach seinem Alltag in Hamburger Unterkünften. A. berichtet von Besuchen in einem Flüchtlingscafé am Uni-Campus, im Fitnessstudio, in Sprachkursen – und deutet an, das westliche Lebensmodell bisweilen genossen zu haben. Er sagt: »Ich bin einfach meiner Lust hinterhergejagt.«

Meist antwortet A. in kurzen Sätzen:

»Ich habe versucht, die Zeit einfach zu nutzen.«

»Ich hatte eine normale Beziehung zu allen.«

»Ich hatte den Eindruck, dass ich nicht willkommen bin.«

Und seine Religiosität, fragt Sakuth, wie habe sich die entwickelt? A. gerät ins Stocken, zögert. Seine Eltern seien nicht sonderlich religiös gewesen, sagt er, bei ihm selbst habe sich das immer wieder geändert: »Es gab Phasen so und Phasen so.«

Deutlich konkreter geben andere ihre Erinnerungen wieder. Ein Beamter, der bereits Stunden nach der Tat mit A. sprach, berichtet von einem womöglich brisanten Vermerk: »Ich bin Terrorist«, auf diesen Satz im Vernehmungsprotokoll habe der junge Mann bestanden. »Ich hatte nicht den Eindruck«, sagt der Beamte, »dass ihn diese Tat belastet hat.«

Noch aufschlussreicher ist die Aussage eines anderen Kriminalbeamten. Der 36-Jährige vernahm A. zwei Tage nach der Tat, seine Erinnerungen daran belasten den Angeklagten schwer: »Man hat gemerkt, dass er sehr stolz war, dass er das gemacht und geschafft hat«, sagt der Polizist. Für ihn seien Deutsche ebenso wie andere Asylsuchende »Hunde«, dieses Wort sei häufiger gefallen. A. habe es bedauert, dass ihn mehrere Männer, fast alle mit Migrationshintergrund, schließlich mit Stühlen und Steinen stoppten. »Er hätte gern mehr getötet, mehr verletzt.«

Ahmad A. habe auch gesagt, warum er trotz Bedenken an jenem Julitag mit einem Messer auf andere Menschen losgegangen sei: »Ich habe Gott gegenüber ein Versprechen gegeben, das kann ich jetzt nicht brechen.« Mitten in der Polizeivernehmung habe er schließlich einen Treueeid auf den IS-Chef Abu Bakr al-Baghdadi geleistet – zwischen der Terrororganisation und A. soll es jedoch keine direkte Verbindung geben.

Ahmad A. hört sich all das ungerührt an, mit geradem Rücken lehnt er sich auf seinem Platz zurück. Es ist exakt diese Körperhaltung, mit der er von nun an an allen Verhandlungstagen den Aussagen von Opfern, Ermittlern, Experten und früheren Freunden folgen wird.

So wie am 9. Februar 2018, als ein Student namens Ali im Zeugenstand sitzt. Er ist ein Bekannter von Ahmad A. – und zeichnet von dem Angeklagten das Bild eines unauffälligen jungen Mannes. Erst kurz vor der Tat habe sich sein Freund verändert, sagt er. »Er war ein fremder Mensch«, sagt der Zeuge. »Ich hätte nie gedacht, dass er so etwas machen würde.«

Ein anderer Zeuge war bei der Tat dabei. Der 20-Jährige war Auszubildender in dem Supermarkt und stand während des Angriffs hinter der Fleischtheke. Er habe im Laden plötzlich großen Lärm gehört, sagt er im Gerichtssaal, deshalb habe er schauen wollen, was los sei. »Da habe ich ihn schon auf mich loslaufen sehen«, sagt der junge Mann – »blutverschmiert, mit dem Messer in der Hand.«

Der Bewaffnete habe »Allahu akbar« gerufen, Gott ist groß. Er selbst sei daraufhin ins Lager geflüchtet, wo er sich bis zum Eintreffen der Polizei in der Toilette verschanzt habe. Wie der Angreifer auf ihn gewirkt habe, will Richter Sakuth von dem Zeugen wissen. »Auf jeden Fall nicht ansprechbar«, sagt er. »Er sah übertrieben aggressiv aus, hat Mordlust ausgestrahlt.«

Dass es an jenem Sommertag im Hamburger Norden trotzdem nicht mehr Tote gab, ist einigen äußerst mutigen Leuten zu verdanken: den »Helden von Barmbek«, wie die Boulevardpresse die Männer getauft hat. Drei von ihnen schildern an diesem Verhandlungstag ihre Sicht der Dinge – und verdeutlichen eindrücklich, wie waghalsig ihr Eingreifen war.

An Kasse 3 saß ein hagerer Auszubildender mit kurzem Haar und arabischem Migrationshintergrund. »Vor meinen Augen hat er ein paar Leute angegriffen«, sagt der 20-Jährige. Spontan habe er entschieden, den Täter zu stoppen. Er sei an ihm vorbeigerannt und habe so viele Leute wie möglich gewarnt und fortgeschickt.

Tatkräftige Hilfe bekam der 20-Jährige von einem Zeitungsauslieferer. Der 45-Jährige, der zufällig mittags dasselbe Gebet wie A. in einer nahe gelegenen Moschee besucht hatte, kam auf dem Heimweg am Tatort vorbei – und knöpfte sich A. nach eigenen Angaben sofort vor. »Ich bin Moslem«, habe er dem Angreifer zugerufen, »ich bin seit siebenundzwanzig Jahren hier!« Doch statt das Messer fallen zu lassen, stach A. demnach auch nach ihm.

Der vielleicht mutigste Helfer war ein 40-Jähriger, der gerade mit seinen zwei Kindern vor dem Supermarkt entlangspazierte. Er habe die beiden am Straßenrand stehen lassen, sich zum Schutz ein herumliegendes Pappschild geschnappt und sei zu Ahmad A. gerannt, sagt er. »Du Hund, du bist kein Mann!«, habe er ihm entgegengebrüllt. A. habe daraufhin geantwortet: »Leute, ich will mit euch nichts zu tun haben – ich will nur die anderen, die Ungläubigen!« Die Antwort des Vaters: »Wenn du die anderen möchtest, musst du zuerst uns kriegen.«

Alle drei Aussagen zusammen zeigen, wie die drei Männer die Bluttat schließlich gemeinsam stoppten. Demnach schickten sie Umstehende weg und wappneten sich selbst mit Stühlen, die vor einer nahe gelegenen Bäckerei standen. In einer Nebenstraße umkreisten sie dann Ahmad A. und warfen diverse Gegenstände auf ihn. »Er hat uns gesagt, dass wir alle in die Hölle kommen«, sagt der 45-jährige Zeuge. Kurz darauf sei A. zusammengesackt, nachdem ein Stein ihn am Kopf getroffen hatte.

Die Aussagen der »Helden von Barmbek« machen den Gewaltausbruch des Ahmad A. anschaulich – aber weshalb hatte sich der Palästinenser zuvor dazu entschlossen? Aufschluss über seine Hinwendung zum Dschihadismus gibt die Expertise eines Islamwissenschaftlers, die Richter Sakuth vorliest. Demzufolge hatte A. ein Notizbuch geführt, in dem Ermittler später beängstigende Einträge fanden: »Die Flammen des Krieges werden euch früh genug erreichen.« Mit solchen Formulierungen vertrat A. dem Experten zufolge ein »seit Jahrzehnten von Islamisten im Internet verbreitetes Opfer-Narrativ«. Demzufolge sah der Angreifer von Barmbek seine Tat womöglich als gerechte Reaktion auf unzählige Demütigungen, die der Islam über sich habe ergehen lassen müssen.

War A. also ein religiös motivierter Terrorist? Ganz so eindeutig ist der Fall womöglich nicht gelagert. Jedenfalls bemerkte das Umfeld lange nichts, das wird während der Zeugenaussage von Ahmad A.s früherem Kumpel Ali deutlich. Er kenne den Angeklagten aus einem Sprachkurs, sagt der Informatikstudent. Ab und zu hätten sie sich auch zum Mittagessen oder in einem Flüchtlingscafé auf dem Uni-Campus getroffen.

Religion sei nie ein Thema gewesen in den gemeinsamen Gesprächen, sagt der 27-Jährige. Ahmad A., der in Gaza Abitur gemacht hatte und danach für kurze Zeit in Ägypten an der Uni war, habe oft davon erzählt, in Hamburg Zahnmedizin studieren zu wollen. Ansonsten lebte er offenbar ein Leben, wie es viele junge Männer tun: »Manchmal haben wir Alkohol getrunken«, sagt der Zeuge, ebenso habe A. regelmäßig Marihuana geraucht.

A. selbst lässt sich nicht anmerken, ob ihn an diesem Verhandlungstag irgendetwas berührt oder beschäftigt – aber irgendetwas bewegt ihn offenbar dazu, schließlich an seinen Auftritten vor Gericht etwas zu verändern: Zehn Tage nach diesem Verhandlungstag sitzt er erstmals mit glatt rasiertem Gesicht auf der Anklagebank. Sollen die äußeren Veränderungen einen inneren Wandel demonstrieren?

Die Richter lassen sich davon offenbar nicht nachhaltig beeindrucken: Wenige Wochen nach dem Prozessauftakt verurteilen sie Ahmad A. zu lebenslanger Haft und stellen die besondere Schwere der Schuld fest. Zuvor hatte der inzwischen 27-Jährige sich an einem der letzten Prozesstage bei den Opfern entschuldigt: Er habe gelernt, dass kein Mensch das Recht habe, ein Leben zu beenden, doch diese Einsicht komme zu spät. »Ich kann die Zeit leider nicht zurückdrehen.«

Der Fall Ahmad A. wirft die Frage auf, was eine solche Radikalisierung rechtzeitig aufhalten könnte – und wie eine Gesellschaft aussehen könnte, in der die Integration von Zuwanderern selbst unter schwierigsten Umständen wirklich funktionieren kann. Es gibt solche Orte, zum Beispiel in Belgien.

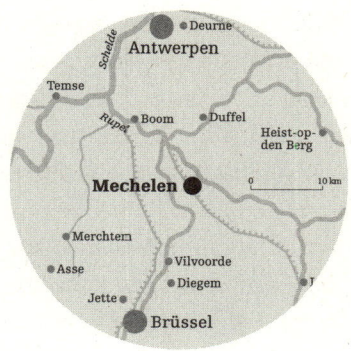

DAS INTE-GRATIONS-WUNDER

Die schwere Holztür fliegt auf, ein Herr mit grau melier-tem Stoppelhaar blickt auf den Rathausflur und grinst. »Ah, Sie sind der Typ aus Deutschland, oder?«, sagt Bart Somers. Er sagt das, als wäre er Rezeptionist einer Ju-gendherberge – und nicht einer der profiliertesten Poli-tiker Belgiens, der an diesem Wintertag im historischen Rathaus von Mechelen zum Gespräch empfängt.

Somers ist Mitglied der Flämischen Liberalen und De-mokraten (Open VLD), seit siebzehn Jahren Bürgermeis-ter von Mechelen in Flandern und amtierender »World Mayor« – der beste Bürgermeister der Welt, jedenfalls laut der internationalen Denkfabrik City Mayors Foun-dation. Warum? Weil sich diese Stadt, in der jedes zwei-te neugeborene Baby einen Migrationshintergrund hat, vom Problemfall zum Vorbild einer gelungenen Integra-tionspolitik entwickelt hat.

Das hat Somers mit einem Konzept geschafft, das ebenso simpel wie widersprüchlich wirkt: Der 53-Jäh-rige hat eine sanfte Multikulti-Strategie mit harter Law-and-Order-Politik verbunden. Über diese Integrationspolitik hat er ein Buch geschrieben, auf Deutsch trägt es den Titel »Zusammen leben«. Aber Somers will nicht nur sein Buch bewerben – sondern auch seine Politik, seine liberalen Ideale in einer zunehmend illiberaleren Epoche. Kann die Gesellschaft in Deutschland etwas von diesem belgischen Provinzbürgermeister lernen?

Somers setzt sich in seinem Büro an einen Tisch, an dem eine Großfamilie problemlos ein Festessen ausrichten könnte, und wartet auf die erste Frage.

Herr Somers, darf ich Sie »Mister Nulltoleranz« nennen?
Somers: Ich bin nicht gerade stolz auf diesen Titel, den mir einige Medien gegeben haben. Ich würde einen anderen bevorzugen: Mister Inklusiv.

Aber Sie haben doch ziemlich hart durchgegriffen.
Somers: In Mechelen leben Menschen aus 138 Nationen, trotzdem kann sich hier jeder als gleichberechtigter Bürger fühlen. Damit das funktioniert, muss man Diskriminierung ebenso bekämpfen wie für Sicherheit sorgen, manchmal auf die harte Weise. Das ist aber nur ein Beitrag von vielen für eine inklusive Stadt.

Was sind die anderen Beiträge?
Somers: Wir geben pro Einwohner so viel Geld für die Polizei aus wie keine andere Stadt in Flandern, seit 2001 ist die Zahl der Beamten von 200 auf 300 gestiegen. Und wir waren die erste Kommune des Landes, die an etlichen Straßen und Plätzen Kameras angebracht hat, inzwischen sind es 256.

Videoüberwachung ist durchaus umstritten.
Somers: Das ist kein Allheilmittel, aber es hilft uns sehr. Und wir setzen neben Kontrolle auch auf Prävention: Nachbarschaftshelfer, Beratungsangebote, Streetworker. Wer durch die Straßen geht, spürt eine sehr offene Atmosphäre und keinen Überwachungsstaat.

In der Tat fallen die Kameras zumindest im Stadtkern kaum auf, Straßen und Plätze sind sauber, soziale Probleme kaum spürbar. Zudem wächst die Stadt seit Somers Amtsantritt: Etwa 75 000 Einwohner hatte Mechelen 2001, heute sind es mehr als 86 000.

Wie war die Situation, als Sie Bürgermeister wurden?
Somers: Mechelen war eine ziemlich verzweifelte Stadt. Jedes Jahr wurden 1500 Autos aufgebrochen und 700 Senioren überfallen. Man konnte nicht einmal durch die Haupteinkaufsstraße gehen, ohne angepöbelt zu werden. Mechelen galt laut einer Umfrage als dreckigste Stadt Belgiens, mit einer der höchsten Kriminalitätsraten des Landes. Die Einwohner fühlten sich von der Regierung alleingelassen und hatten schnell Schuldige gefunden: demokratische Politiker und Migranten.

In Mechelen wählte zwischenzeitlich jeder Dritte die stramm rechte Partei Vlaams Belang – bei den jüngsten Kommunalwahlen waren es nur noch 8,7 Prozent. In seinem Buch schreibt Somers, woran das liegen könnte: »Die Straßenkriminalität konnte beispielsweise um mehr als 75 Prozent reduziert werden. Laut den Zahlen der Bundespolizei sank die Zahl der Wohnungseinbrüche zwischen 2000 und 2015 in keiner Stadt so stark wie in Mechelen, eine Abnahme um 55 Prozent!« Seit ei-

nigen Jahren kommt in der Region jedoch ein Problem
hinzu, das Orte wie den Brüsseler Stadtteil Molenbeek
weltweit bekannt gemacht hat: Islamismus.

Wie sehr beschäftigt Sie das Thema Islamismus?
Somers: Wir sind hier im Zentrum eines Ballungsraums,
der längst einen entsprechenden Ruf hat. Aus Brüssel
sind 200 Menschen für den »Islamischen Staat« in den
Dschihad gezogen, 93 aus Antwerpen, 27 aus dem Städtchen Vilvoorde. Aber aus Mechelen, der Stadt mit dem
zweithöchsten Anteil gebürtiger Marokkaner in ganz
Belgien, ist bislang kein einziger Islamist in den Nahen
Osten gereist. Darauf können wir Mechelener stolz sein,
und deshalb will auch jeder von mir wissen, wie das
möglich ist.

Und zwar?
Somers: Das frage ich mich selbst noch oft. Ich habe ja
nicht vor 17 Jahren als Bürgermeister angefangen mit
dem Gedanken, dass es mal so etwas wie den IS geben
würde, der meine Bürger rekrutieren will. Um ehrlich zu
sein: Ich habe einfach losgelegt, habe vieles ausprobiert.
Manches scheiterte, anderes klappte.

Zum Beispiel?
Somers: Wir haben den Umgang mit delinquenten Jugendlichen völlig geändert, zum Beispiel mit einem Er-
ziehungsprogramm: Betroffene Eltern unterschreiben in
einem Vertrag mit der Stadt, dass sie alles daransetzen,
ihre Kinder von der schiefen Bahn zurückzuholen – an-
dernfalls müssen sie eine Strafe zahlen.

Drohgebärden reichen aus?

Somers: Natürlich nicht. Parallelgesellschaften verhindert man auch, indem man dafür sorgt, dass sich die Bewohner armer Viertel als gleichwertige Bürger fühlen. Wer Teil einer Gemeinschaft ist, greift sie nicht an. Wir haben als Erstes in Problemvierteln aufgeräumt, die Straßen gereinigt, Spielplätze angelegt und Parks aufgehübscht. Dann bekam die Polizei die besten Autos und die Straßenreinigung moderne Reinigungsgeräte.

Ganz schön teuer.

Somers: Aber es zahlt sich aus. Als die belgische Regierung irgendwann entschieden hat, weniger Geld für Erziehungsanstalten auszugeben, habe ich gesagt: Dann bezahlen wir das. Die Leute haben mich für verrückt erklärt, weil die Stadt dafür gar nicht zuständig ist, aber Mechelen brauchte das dringend. Denn wenn Kriminelle die Kontrolle im Viertel übernehmen, lassen die Extremisten nicht lange auf sich warten.

Es ist ein Gedanke, dem Somers in seinem Buch gleich mehrere Kapitel gewidmet hat: »Die Bekämpfung des Terrors«, schreibt er, »fängt in den Stadtteilen an.« Ihm sei das gelungen – mit den Mitteln der liberalen Demokratie.

Woher wissen Sie, dass Ihre Politik all das verhindert hat – und nicht andere Faktoren oder der Zufall?

Somers: Ich gebe Ihnen ein Beispiel: Vor einigen Jahren gab es hier eine Jugendbande, die ständig Probleme machte – bis unsere Nulltoleranz-Politik gegriffen hat. Die Polizei hat sogar die Ausrichtung der Autoscheinwerfer dieser Leute überprüft und ihnen jedes Mal ein Bußgeld aufgebrummt, wenn sie an einer Ampel nicht völlig korrekt die Straße überquerten. Nach einer Woche kam die ganze Bande auf die Wache und flehte um einen Neustart.

Es sind auch solche Geschichten, die Bart Somers zu einem der beliebtesten Politiker der Stadt gemacht haben. Unumstritten ist er deshalb nicht: Den einen ist seine Multikulti-Strategie zu links, den anderen seine Sicherheitspolitik zu rechts, wegen seines Umgangs mit der Polizei legte sich etwa vor zwei Jahren die sozialistische Oppositionspartei sp.a mit ihm an.

Sie sind Mitglied einer liberalen Partei, allzu liberal wirkt diese Politik aber nicht.
Somers: Im Gegenteil. Es gibt keine Freiheit, wo es keine Sicherheit gibt. Deshalb ist konsequente Kriminalitätsbekämpfung auch eine sehr liberale und soziale Politik: Wenn jemand mein Auto klaut, rufe ich meine Versicherung an und bekomme ein neues. Aber wenn der Wagen eines armen Mannes gestohlen wird, ist das ein Drama. Die ersten Opfer von Kriminalität sind die mittellosen Bewohner sozialer Brennpunkte, sie profitieren von harter Law-and-Order-Politik.

Das dürften viele linke Politiker anders sehen …
Somers: … die damit denselben Fehler machen wie rechte Politiker!

Der da wäre?
Somers: Gruppendenken! Die meisten Politiker halten Städte nicht für eine Ansammlung von Bürgern, sondern

von Communities. Sie unterteilen die Bevölkerung in Muslime und Nichtmuslime. Oder in Einheimische und Zugezogene. In den Augen linker Politiker sind Migranten potenzielle Diskriminierungsopfer, in den Augen rechter Politiker sind sie potenzielle Straftäter.

Und in Ihren Augen?

Somers: ... sind sie Bürger. Alles andere ist eine paternalistische Politik, die Menschen von außen eine Identität aufzwingt. Wir sind alle einzigartig, haben etliche Identitäten, und niemand ist für die Taten eines anderen mitverantwortlich, nur weil der auch Muslim oder Fußballfan oder Belgier ist. Deshalb ist es auch ein Problem, dass die meisten Städte eine Art Archipel monokultureller Inseln sind.

Somers wird jetzt lauter, trommelt häufiger auf den Tisch, die Stimme hebt ab. Mit einem Archipel meint er Gettos: Somers nennt Städte wie Hamburg, wo die Mittelschicht schicke Stadtteile für sich hat, während Zuwanderer in abgelegenen Problemvierteln unter sich bleiben. In seiner Stadt, sagt Somers, gebe es keine solchen Inseln mehr.

Was macht das neue Mechelen aus?

Somers: Die Stadt ist zusammengewachsen, über alle sprachlichen, religiösen und kulturellen Grenzen hinweg.

Woran zeigt sich das?

Somers: Als ich Bürgermeister wurde, gab es zwei Straßenfeste – heute sind es 200. Auf unserem Friedhof können Verstorbene jetzt auch nach muslimischem Ritus beerdigt werden, in Richtung Mekka. Und wir haben die Organisation »School in zicht« gegründet, die Eltern überredet, ihr Kind in die nächstgelegene Schule zu schicken – auch dann, wenn dort vor allem Kinder mit einem anderen Hintergrund hingehen.

Gibt es gegen all diese gesellschaftlichen Veränderungen keinen Widerstand?
Somers: Doch, selbstverständlich. Als ich die Sache mit den Bestattungen anregte, warfen mir manche vor, auf unserem Friedhof ein Kalifat zu errichten. Wenn mir solche Traditionalisten sagen, Zugezogene müssten sich vollständig anpassen, dann kann ich nur sagen: Das ist das Argumentationsmuster des IS, der alles exakt so haben möchte wie zu Mohammeds Zeiten.

Was wollen Sie noch angehen?
Somers: Die Polizei ist noch immer zu weiß, sie muss die gesellschaftliche Realität besser abbilden. Auf dem Wohnungs- und Arbeitsmarkt gibt es zu viel Diskriminierung. Wir haben noch immer mit viel Armut in der Stadt zu kämpfen, auch mit Rassismus. Glauben Sie mir: Ich habe noch einiges vor.

Man will ihm das glauben. Somers ist einer, der begeistern kann und zugleich bodenständig wirkt, ein Realist mit Idealen. Sollte er recht haben, wären womöglich auch viele der gesellschaftlichen Konflikte in Deutschland im Grunde relativ einfach zu lösen – mit ein bisschen Pragmatismus und Mut. Wenn es doch nur so einfach wäre.

DER VERTEILUNGS-KRAMPF

Vier Grad unter null, auch die Stimmung ist eisig. Hinter einer rot-weißen Absperrkette im Schatten des Wasserturms am Steeler Berg stehen ein junger Vater und sein Sohn. »Haben Sie einen deutschen Pass?«, fragt ein weißhaariger Herr auf der anderen Seite der Absperrung. Der Vater schaut ihn fragend an und schüttelt den Kopf, er spricht nur gebrochen Deutsch. »Ohne deutschen Pass darf ich Sie nicht reinlassen«, sagt der Herr, »ich kann nichts daran ändern.«

Szenen wie diese spielen sich an diesem Vormittag in der Steeler Straße 137 in Essen mehrfach ab. Hier, in einem klobigen Wasserturm neben der A 40, sitzt die örtliche Tafel. Seit Kurzem nehmen die Ehrenamtlichen nur noch Bedürftige mit deutschem Pass neu auf – angeblich, weil sich einheimische Senioren und Frauen wegen der vielen ausländischen Kunden nicht mehr wohlfühlen.

Der Fall hat eine Debatte weit über die Stadt und das Ruhrgebiet hinaus entfacht: Angela Merkel äußerte Kritik, Horst Seehofer äußerte Verständnis, es handele sich um einen Hilferuf von Menschen, die sich um Mitmenschen kümmern. Alexander Dobrindt zeigte sich solidarisch und rief den Chef der Essener Tafel an. Vor Ort war während der überhitzten Debatte in diesen eiskalten ersten Wochen des Jahres 2018 allerdings noch kein Spitzenpolitiker.

Julian, 31 Jahre alt, arbeitslos, lehnt an diesem Morgen vor dem Eingang des Wasserturms und zieht an seiner Zigarette. »Manche Politiker reißen das Maul auf, ohne zu wissen, was hier wirklich los ist«, sagt er. Julian hatte in der Zeitung gelesen, dass Arbeitslose hier Lebensmittel bekommen, jetzt möchte er eine Kundenkarte beantragen.

Für die Entscheidung der Tafel zeigt Julian Verständnis: »Ich kann mir das gut vorstellen«, sagt er über Flüchtlinge, »die sind ja schon respektloser.« Nur wenig später wird er eine andere Erfahrung machen.

Jörg Sartor, der Chef der Essener Tafel, lässt sich um kurz nach 9 Uhr morgens zum ersten Mal blicken. »Alle raus hier«, ruft er den Journalisten zu, die sich im Foyer aufwärmen. »Es ist doch alles gesagt«, fügt er hinzu und rauscht wieder ab. Nur wenig später wird er doch noch einiges sagen.

Viele der Menschen, die an diesem Tag im Wasserturm eine Kundenkarte beantragen, haben von der Aufregung der vergangenen Tage nichts mitbekommen. Als einer der Ersten kommt ein Iraner in Daunenjacke aus dem Anmeldezimmer im ersten Stock. »Ich weiß nicht, warum sie mich diesmal abgelehnt haben«, sagt der Mann namens Mehrad. Seit zwei Jahren habe er hier wöchentlich Lebensmittel erhalten, nun hätten sie ihn fortgeschickt: Er solle ein andermal wiederkommen.

Als Mehrad erfährt, dass es an seiner Nationalität liegt, zieht er die Augenbrauen hoch. »Das ist doch nicht fair«, sagt der 69-Jährige, »die Tafel ist für alle da, nicht nur für die Deutschen.« Die Entscheidung treffe ihn und seine Familie hart, er bekomme nur 650 Euro vom Amt. Er sagt: »Jetzt fehlt uns was.«

Wenig später kommt eine Frau aus dem Wasserturm, die sich Omathuku nennt und eine grüne Wärmflasche in der Hand hält. »Die Temperatur da drin ist wärmer, die Stimmung kälter«, sagt sie und lacht. Die 39-Jährige hat einen deutschen Pass.

Sie findet die neue Regelung fair. »In den letzten Jahren wurden Ausländer bevorzugt«, sagt sie mit deutlichem Akzent und schlägt ein neues Verfahren vor: Die Essener Tafel könnte für jeweils zwölf Monate nur Deutsche aufnehmen und im Folgejahr dann ausschließlich Ausländer. Das wäre gerecht, sagt sie – und fügt hinzu: »Wir sind doch alle gleich.«

Irgendwann schleicht ein älteres Ehepaar aus dem Wasserturm: Sie spricht kaum Deutsch, er ist blind und klammert sich an ihrem Mantel fest. »Wir sollen in ein paar Wochen wiederkommen«, sagt er. »Wir wissen nicht, warum.«

Ja, warum? Gründe für die Abweisung hat man den Bedürftigen ohne deutschen Pass offenbar nicht genannt. Und wie kann es sein, dass ein blinder Greis nun wegen seiner Staatsangehörigkeit pauschal benachteiligt wird?

Es sind solche Fälle, die das Elend dieser Debatte zeigen: Bedürftigkeit lässt sich wohl kaum nach Nationalität oder Ethnie festlegen. Stattdessen werden offenkundig Arme gegeneinander ausgespielt, neue Gräben im kollektiven Verteilungskampf gezogen, das Prinzip der Ellbogengesellschaft auch auf die unterste Etage der Wohlstandspyramide ausgedehnt.

Die Sache ist kompliziert, und sie wirft Fragen auf. Einerseits ist es natürlich wichtig, Schwierigkeiten bei der Integration von Zugezogenen ebenso zu benennen wie das gravierende Armutsproblem. Andererseits ist auffällig, wie wenig konkrete Reaktionen es auf die Debatte über die Essener Tafel gibt: Warum etwa bieten nun nicht etliche Unternehmen an, noch mehr Lebensmittel für Tafelkunden zu spenden? Warum schlagen die Regierenden keine Sofortmaßnahmen zur Armutsbekämpfung vor? Warum melden sich nicht Tausende Deutsche, um bei der Tafel in ihrer Stadt mitzuhelfen?

Um kurz vor halb zehn eilt Jörg Sartor noch mal ins Foyer. Er leitet einige Journalisten in ein schlauchförmiges Büro, um ihnen einen Tafel-Kunden vorzustellen. »Stellt einer 'ne dämliche Frage«, sagt Sartor, »gibt's auf die Fresse.« Er meint das wohl nicht wörtlich, Sartor ist eine Ruhrpott-Type, ein Lautsprecher. Aber irgendwie meint er es trotzdem ernst.

Der Tafel-Kunde, ein Mann mittleren Alters mit dicken Brillengläsern, dient als eine Art Kronzeuge für Sartors Entscheidung. Irgendwann im vergangenen Jahr habe es in der Tafel mal eine unangenehme Begegnung mit Ausländern gegeben, sagt der Mann. »Es wurde gedrängelt, ich bin zur Seite gestoßen worden.« Dann ruft Sartor dazwischen: »Jetzt ist auch gut, aus!«

Es ist eine kurze, absurde Vorführung. Vor der Tür präsentiert Sartor dann seine Interpretation: »Das zum Thema ›Unwohlsein‹«, sagt er und fügt direkt hinzu: »Nicht

Angst! Les ich das irgendwo, dreh ich durch.« Die Aussage des namenlosen Brillenträgers soll belegen, dass es ein Problem gebe, dass er sich das nicht alles ausdenke. »Wir sind doch keine Unmenschen, keine Kanakenjäger.« Das sagt er etwas leiser – als würde er die Angemessenheit eines Satzes nicht über Worte steuern, sondern über die Lautstärke. Dann sagt Sartor ganz sanft: »In sechs Wochen sieht die Welt vielleicht wieder anders aus.«

Julians Welt sieht bereits um kurz vor zehn etwas besser aus, als er aus dem Anmeldebüro zurückkommt. »Ich durfte mir sogar den Tag aussuchen«, sagt er, »das ging ja ratzfatz.« Zufrieden ist er trotzdem nicht. »Ich habe mitbekommen, dass einige ohne deutschen Pass wieder runtergeschickt wurden«, sagt er. »Das fand ich dann schon diskriminierend. Es ist ja keiner freiwillig hier – und die haben sich alle gut benommen.«

Und Sartor? Der legt gegen Mittag noch einen dritten Auftritt hin. Jetzt spricht er über Rassismusvorwürfe und seine Zukunft bei der Tafel: Natürlich habe er noch immer Bock auf die Arbeit. »Der Sartor«, sagt er, mache so lange weiter, wie seine Kollegen das wollten.

Und das angebliche »Nehmer-Gen« mancher Ausländer, von dem er vergangene Woche in einem Interview gesprochen hatte? »Ich stehe ja nicht jeden Tag vor der Presse«, sagt Sartor jetzt. »Manchmal rutscht mir ein Satz raus, wo ich hinterher denke: Ups, zack.« Er sei eben »ein Mensch der geraden Worte«, und daraus würden manche dann gleich »so eine Nazi-Sache« machen. Bereut er manche seiner Worte? »Ich sach Ihnen dazu jetzt gar nichts mehr.«

Ein irgendwie versöhnliches Ende nimmt der Tag

dann zumindest noch für den Vater und seinen Sohn, die mangels deutscher Pässe keine Lebensmittel erhalten. Nach ein paar Minuten kommt der weißhaarige Tafel-Mitarbeiter noch einmal zu den beiden und hält ihnen eine Schachtel voller Bonbons hin. Der Junge schaufelt die Süßigkeiten in die mitgebrachte Tasche, und der Alte sagt: »Wir sind doch gar nicht so.«

Wahrscheinlich stimmt das sogar. Der Streit um die Essener Tafel ist wohl eher eine Geschichte über soziale Ausgrenzung, Armut und die Nöte von Ehrenamtlichen. Aufgrund einer ziemlich fragwürdigen Entscheidung dreht sich nun jedoch alles um »Ausländer« und »Deutsche« – ganz so, als tauge eine solch plumpe Differenzierung in gesellschaftlichen Debatten etwas. So verfestigt sich der gefährliche Eindruck, man könne ernsthaft und ergebnisoffen über die Frage diskutieren, ob für alle möglichen Probleme immer die Gleichen verantwortlich sind: Muslime, Zuwanderer, Juden – jedenfalls vermeintlich »Fremde« oder »andere«.

Es ist das Problem so vieler Diskussionen in diesem Land. Immer mehr Menschen sagen und tun Dinge, die noch vor wenigen Jahren als skandalöse Tabubrüche gegolten hätten.

ANALYSE
VOM ENDE DES ANSTANDS

Amon Göth war ein fürchterlicher Mensch, einer, der selbst unter den vielen Massenmördern der nationalsozialistischen Gewaltherrschaft in Europa hervorsticht. Weltweit bekannt ist der Name des SS-Funktionärs seit 1993, als Steven Spielbergs Film »Schindlers Liste« in die Kinos kam. Darin tritt auch Göth auf, der in den Vierzigerjahren nahe Krakau das deutsche Konzentrationslager Płaszów befehligte. Er ging unter anderem deshalb als »Schlächter von Płaszów« in die Geschichte ein, weil er damals vom Balkon seiner Villa aus allmorgendlich mit einem Gewehr KZ-Häftlinge erschoss.

An all das erinnerte ich mich, als mich nach der Veröffentlichung eines Artikels über Rechtsextremismus eine E-Mail erreichte. Absender: »Amon Göth«. Der schrieb: »Nach der Machtübernahme treffen wir uns wieder. Ich bin an einer schicken schwarzen Uniform mit liebevoll geputzten Totenköpfen zu erkennen. Dann rechnen wir ab. Für euer linkes Gerotze kann es nur Arbeit bis zum Tod geben!«

Die E-Mail hätte mich vermutlich fassungslos gemacht, erreichten mich solche Nachrichten nicht regelmäßig. Gewaltandrohungen sind darunter, vor allem aber ständig wiederkehrende Beleidigungen wie »Medienhure« oder »Systemfotze«. Nun taugen Leserbriefe an einzelne Journalisten wohl kaum als Grundlage für eine fundierte Analyse des Zustands einer Gesellschaft. Aber die Zunahme solcher Zuschriften machten mir schon früh klar, dass eine beängstigende Verrohung im Gange war.

Diese Verrohung hat sich über Jahre stetig selbst bestärkt. Politiker werden als »Merkel-Marionetten« geschmäht, Journalisten als »Schmierfinken«, Wissenschaftler als »Regimetölpel«. Ich denke mir diese Beschimpfungen nicht aus, das Internet ist voll davon.

Geschichten wie jene über den Gewaltausbruch von Wurzen, den Streit über die Essener Tafel oder den »Reichsbürger« Wolfgang Busch veranschaulichen, dass nicht nur die digitale Welt betroffen ist. Augenscheinlich gehen immer mehr Menschen immer rücksichtsloser miteinander um. Breitet sich der Hass ungebremst weiter aus? Bedroht er gar die liberale Demokratie als Ganzes?

Einiges deutet darauf hin, dass die Demokratie westlichen Typs tatsächlich gefährdet ist. Auswertungen von Bundestagswahlen zeigen etwa, dass die Wahlbeteiligung seit den Siebzigerjahren massiv zurückgegangen ist, während der Anteil der abgegebenen Stimmen für rechte Parteien noch nie so hoch war wie im zweiten Jahrzehnt unseres Jahrhunderts.

Noch düsterer sieht es aus, wenn man auch die Entwicklungen außerhalb Deutschlands betrachtet: Die Wahl des Populisten Donald Trump zum US-Präsidenten, das Brexit-Votum der Briten oder die Wahlsiege rechter Parteien in EU-Staaten wie Ungarn, Italien und Polen waren frühe Anzeichen einer globalen Krise der Demokratie.

Damit ist aber noch nicht gesagt, dass liberale Ideen insgesamt auf dem Rückzug sind. Der World Value Survey etwa, ein wissenschaftliches Mammutprojekt, für das seit Jahrzehnten regelmäßig Menschen auf der ganzen Welt nach ihren religiösen, soziokulturellen und politischen Haltungen gefragt werden, kommt zu einem anderen Ergebnis: Diesen Daten zufolge ist der Anteil wertkonservativer Menschen in Gesellschaften über die Jahrzehnte gesunken. Weltweit.

Von einem grundsätzlichen »Rechtsruck« westlicher Gesellschaften ist daher nicht auszugehen. Sie werden, im Gegenteil, seit Jahren liberaler und pluraler. In der Bundesrepublik etwa wurde 2005 erstmals eine Frau zur Kanzlerin gewählt. Schwarze sind seit einigen Jahren Mitglieder deutscher Nationalmannschaften. Homosexualität ist inzwischen nicht nur völlig legal, gleichgeschlechtliche Paare können seit 2017 sogar offiziell heiraten. Und immer wieder schließen sich Hunderttausende Menschen für liberale Ideen zusammen – sei es online unter Hashtags wie #aufschrei oder auf der Straße bei Pro-Europa-Kundgebungen und Solidaritätsaktionen für Seenotretter im Mittelmeer.

Womöglich ist es also so: Die deutsche Gesellschaft wird mehrheitlich weltoffener, was jedoch Widerstand auslöst und so enorme Spannungen mit sich bringt. Frust. Wut. Hass. Studien zeigen, dass diese Gemengelage offenbar eine Polarisierung hervorgerufen hat: Diejenigen, die gesellschaftliche Vielfalt und Offenheit befürworten, tun das demzufolge entschiedener als noch vor einigen Jahren – und die Gegner lehnen das noch heftiger ab.

Es gibt also einen Rechtsruck, aber eben nur am ohnehin schon rechten Rand: Während das liberale Lager Ungerechtigkeiten und die eigene Verantwortung für den Planeten und Mitmenschen anerkennt, lehnt es die Gegenseite ab, der Umwelt, Minderheiten oder Frauen zuliebe die eigenen Privilegien zu hinterfragen. Dabei verschwimmen zusehends die Grenzen zwischen den Lagern der konservativen Hedonisten, die um ihren Lebensstandard sowie das lieb gewonnene Weltbild bangen, und dem Lager der menschenfeindlichen Rechtsextremen.

Auch deshalb haben es aggressive Begriffe wie »Genderwahn« und »Umvolkung« in die Mitte der Gesellschaft geschafft, wo der Umgangston insgesamt rauer geworden ist. So entstammten die zwischen 2014 und 2018 von Sprachwissenschaftlern gekürten »Unwörter des Jahres« allesamt aus dem Wutbürger-Jargon: »Lügenpresse«, »Gutmensch«, »Volksverräter«, »alternative Fakten«, »Anti-Abschiebe-Industrie«.

Zu den Problemen dieser sprachlichen Radikalisierung gehört, dass es offenbar nicht dabei bleibt: Ende 2015 führte das nationale Waffenregister 285 911 Inhaber eines kleinen Waffenscheins, drei Jahre später waren es bereits 610 937. Das ist eine Steigerung um mehr als 113 Prozent. All diese Menschen dürfen legal Schreckschuss-, Reizstoff- und Signalwaffen mit sich führen. Natürlich lässt sich ein Zusammenhang zwischen diesen Zahlen und der gesamtgesellschaftlichen Hysterie nicht sicher belegen, er drängt sich aber geradezu auf.

Das alles passt, leider, zu den Geschehnissen in Orten wie Wurzen, Essen oder Georgensgmünd. Es gibt erschreckend viele Menschen, die statt auf Dialog immer häufiger auf Diskriminierung oder sogar Gewalt setzen. In Essen sollte eine rassistische Regelung das vermeintliche Problem lösen, in Wurzen gab es Verletzte, in Georgensgmünd sogar einen Toten.

Dabei geht es ganz anders, auch das haben einige der Reisen gezeigt: In Werpeloh etwa haben die Dorfbewohner einen Weg gefunden, trotz Zuwanderung, Strukturkrise und Überalterung ihren Alltag friedlich zu meistern. Sie brauchen dafür weder Gewalt noch Diskriminierung, und der Ort im konservativen Emsland ist auch beileibe keine Hochburg vermeintlich linksgrün versiffter Gutmenschen.

Müssen sich die Wutbürger in vielen ländlichen Regionen also nur ein bisschen zusammenreißen, können sie das Erfolgsmodell Werpeloh einfach abkupfern? Natürlich nicht, das wäre zu kurz gegriffen. Dem Emsland geht es beispielsweise wirtschaftlich sehr gut, viele andere Gegenden aber werden regelrecht abgehängt, im wörtlichen Sinne: So legte die Deutsche Bahn in den 25 Jahren nach ihrer Privatisierung von 1993 etwa 5400 Schienenkilometer still, das entspricht 16 Prozent des Netzes. Betroffen sind vor allem Bahnhöfe in Dörfern und Kleinstädten, während pulsierende Großstädte wie Köln, Berlin oder Frankfurt deutlich besser erreichbar sind als noch vor wenigen Jahrzehnten.

Wirklich verwunderlich ist es angesichts solcher Entwicklungen nicht, dass die Wut vor allem in entlegeneren Gegenden in Ostdeutschland groß ist. Kein Bundesland hat in den vergangenen Jahrzehnten zum Beispiel so viele Einwohner verloren wie Sachsen-Anhalt – just jenes Land, in dem die AfD bei der Landtagswahl 2016 aus dem Stand mehr als vierundzwanzig Prozent der Stimmen erhielt. In solchen ländlichen Regionen sind strukturelle Veränderungen besonders schmerzhaft für die Zurückbleibenden: Wo kein Zug mehr in die nächste Stadt fährt, der Landarzt wegzieht und die Grundschule schließt – da geht irgendwann die Hoffnung verloren. Und die Suche nach Schuldigen beginnt.

Dabei ist es selbstverständlich nicht per se verwerflich, in krisenhaften Situationen der Schuldfrage nachzugehen. Oppositionspolitiker, Medienschaffende und Juristen tun oft nichts anderes, als nach Verantwortlichen für Miseren und Verfehlungen zu suchen. Dieser Kontrollmechanismus hat für demokratische Gesellschaften meist auch eine reinigende Kraft: Verbrecher und Lügner, korrupte Politiker und rücksichtslose Unternehmer können nur deshalb überführt werden, weil die DNA unseres Gemeinwesens einen Generalverdacht enthält: Irgendwer hat's verbockt.

Das Problem ist nur: Die Idee, für so ziemlich jedes Problem könne es einen einzigen Auslöser oder Schuldigen geben, erweist sich bisweilen als ziemlich naiv. Die Welt ist ein unfassbar komplizierter Ort, voller miteinander zusammenhängender Prozesse und Zufälle. Trotzdem suchen wir für Probleme erst mal nicht nach Lösungen (die es fast immer gibt), sondern nach Schuldigen (die es nicht immer gibt).

Rechtspopulisten haben verstanden, wie sich diese Sehnsucht nach Prügelknaben in politische Macht verwandeln lässt. Sie haben sogar einen Begriff aus dem Wortschatz des Nationalsozialismus entliehen, mit dem sich einmal ausgemachte Sündenböcke an den Pranger stellen lassen. *Volksverräter.* Ein einziges Wort, das Täter und Opfer klar zu benennen scheint: Wir sind das Volk – ihr habt uns verraten. Noch schlichter und eingängiger geht es kaum.

Wie effektiv dieser Mechanismus funktioniert, lässt sich seit Herbst 2015 beobachten: Viele Gegner der deutschen Migrationspolitik sind davon überzeugt, dass Angela Merkel damals eine »Grenzöffnung« initiierte, sodass Hunderttausende Menschen quasi auf Einladung der Kanzlerin ins Land kamen. Für vieles, was seitdem schiefgelaufen ist, werden folglich Zuwanderer verantwortlich gemacht. Und weil die nur dank der vermeintlichen »Grenzöffnung« ins Land kommen konnten, richtet sich der Zorn vor allem gegen die dafür angeblich Alleinverantwortliche, sozusagen das personifizierte Böse: Angela Merkel.

Man konnte der damals amtierenden Bundesregierung sicherlich einiges vorwerfen, aber die Sache mit der Zuwanderung ist fraglos komplizierter. Jedenfalls hat Merkel keineswegs die Grenze zu Österreich geöffnet, weil die Grenze zu Österreich bereits seit den Neunzigerjahren geöffnet war, aufgrund des Schengener Abkommens. Die Regierung Merkel hat daran auf Bitten Österreichs und Ungarns im Herbst 2015 schlichtweg nichts geändert. So blieb die geöffnete Grenze eine geöffnete Grenze, was die Idee einer Grenzöffnung schon sprachlich ad absurdum führt. Weil es aber weniger eingängig ist, jemandem das Auslassen einer Handlung vorzuwerfen, deuteten Kritiker die Passivität der Kanzlerin zur aktiven Tat um, gewissermaßen zum bewussten *Volksverrat*. Denn wo ein Täter ist, in diesem Fall angeblich Angela Merkel, da gibt es auch ein Opfer, in diesem Fall angeblich das deutsche Volk.

Miteinander raufende Kinder gehen oft ähnlich vor: Den herbeigeeilten Eltern beteuern sie unter Tränen, der andere habe angefangen. Denn ist erst mal der Aggressor überführt, so glauben die Streithähne offenbar, ist jede Überreaktion als berechtigte Notwehr automatisch legitimiert. Es liegt dann an den Eltern, den von ihrem Elend überzeugten Wüterichen klarzumachen, dass gewisse Regeln der Fairness anderen Menschen gegenüber immer gelten – selbst dann, wenn tatsächlich der andere angefangen hat (»Volksverräter« wäre auch dann ein ziemlich unfreundliches Wort, wenn am Märchen von der »Grenzöffnung« etwas dran wäre).

Leider scheint diese durchschaubare Taktik zu einem gesellschaftlichen Leitmotiv geworden zu sein, dem auch liberale Mittelstandsakademiker bisweilen zugewandt sind. Verantwortung für gesellschaftliche Probleme werden gern bei ausgewählten Personen oder Gruppen abgeladen: Rassismus? Ein sächsisches Problem. Frauenverachtung? Ein arabisches Problem. Kriminalität? Ein osteuropäisches Problem. Müßig zu erwähnen, dass es unter liberalen Mittelstandsakademikern ebenso Chauvinisten, Rassisten und Straftäter gibt wie unter Neonazis und Zuwanderern.

Bisweilen hilft ein Schubladendenken, die komplizierte Welt ein wenig besser zu verstehen. Aber Schubladen sind eben nur Behelfskonstrukte, Sortierhilfen, mehr nicht. Ja, Frauen haben in paternalistischen Gesellschaften meist einen niedrigeren Stellenwert als in liberal-westlichen – deswegen ist Europa aber noch kein Hort vollkommener Gleichberechtigung. Der Fingerzeig auf die Makel anderer ist das beliebteste Mittel, um von eigenen Missständen abzulenken.

Dabei ist die Sache im Prinzip sehr einfach: Kriminelle sind für Kriminalität verantwortlich (nicht *die* Osteuropäer), Rassisten sind für Rassismus verantwortlich (nicht *die* Sachsen), Frauenverächter sind für Frauenverachtung verantwortlich (nicht *die* Araber). Wer das anerkennt, kann immer noch vorurteilsfrei den – wichtigen – Fragen nachgehen, warum so viele Männer aus dem arabischen Kulturraum die Gleichstellung von Frauen ablehnen, weshalb ausgerechnet in Sachsen häufig Migranten attackiert werden, warum so viele Einbrecherbanden aus Osteuropa stammen.

Das sind differenzierende Argumente, die allerdings gern als naiv abgetan werden – weil vermeintlich existenzielle Bedrohungen relativiert und Risiken ausgeblendet würden. Auch das scheint eines dieser merkwürdigen ungeschriebenen Gesetze in der Debatte über die gesellschaftliche Spaltung zu sein: Wer mit einer faktenbasierten Mischung aus Pragmatismus und Optimismus an Probleme herangeht, wird belächelt. Wer hingegen vor dem Niedergang des Abendlandes oder der drohenden Weltrevolution warnt, darf mit Anerkennung für die vorausschauende Gefahrenanalyse rechnen.

Panikmacher haben es leicht, Gehör und Zuspruch zu finden: Sie nehmen selbst die irrationalsten Ängste ernst und bestärken sie, statt ihnen mit Fakten oder Gegenmaßnahmen die Grundlage zu rauben. Und sie vermitteln ihren Anhängern das Gefühl, macht- und schuldlos zu sein, moralisch reine Opfer also. An den herrschenden Zuständen ändert sich dadurch zunächst einmal wenig, am gesellschaftlichen Klima aber eine Menge: Misstrauen, Neid und offener Hass greifen um sich, am Ende drohen komplette Gesellschaften auseinanderzutreiben.

Es wäre natürlich ebenfalls Panikmache, es bei solch einer düsteren Analyse zu belassen. Wer die Auswirkungen dieser Polarisierung ausbremsen möchte, kann das selbstverständlich tun: indem man mit »besorgten Bürgern« wie dem Dresdner Torben Müller das Gespräch sucht, indem man sich im eigenen Dorf oder Stadtviertel so einbringt, wie es die Bewohner von Werpeloh tun, indem man Betroffenen rassistischer Anfeindungen wie Kaya Yavuz aus Chemnitz hilft.

Was indes passiert, wenn sich zu wenige Menschen für ein friedliches Miteinander engagieren, zeigt der Fall von Michael Richter. Der Kommunalpolitiker, damals Stadtrat der Linken in Freital, hatte wegen seines Engagements für Flüchtlinge nach eigenen Angaben Morddrohungen erhalten, auf Facebook soll es etwa geheißen haben: »Stellt ihn an die Wand, erschießt ihn, steinigt ihn.« Im Juli 2015 warfen Mitglieder der »Gruppe Freital« durch eine eingeschlagene Scheibe einen Sprengsatz in das leere Auto des Lokalpolitikers, der Wagen wurde völlig zerstört.

Ende 2017 zog Richter schließlich Konsequenzen: Er verließ Freital und zog nach Bayern.

IV. KOLLEKTIVE KRISE.
DER RECHTSRUCK

DAS FANAL VON FREITAL

Adrett sehen sie aus. Der eine trägt ein Hemd, der andere ein schwarzes Sakko mit Schlips, ein Dritter hat sich einen kompletten Anzug angezogen. Fast so, als ginge es nun darum, noch einmal anständig dazustehen.

Wenige Minuten später sind sie verurteilte Terroristen.

Es ist ein unmissverständliches Urteil, das die Richter des Staatsschutzsenats am Nachmittag des 7. März 2018 im Strafprozessgebäude des Oberlandesgerichts im Norden von Dresden verkünden: Alle Mitglieder der »Gruppe Freital«, sieben junge Männer und eine Frau im Alter von heute zwanzig bis vierzig Jahren, waren demnach Teil einer terroristischen Vereinigung. Sechs der acht werden zudem wegen versuchten Mordes verurteilt, die beiden anderen wegen Beihilfe dazu.

Sprengstoffanschläge, Einschüchterungsversuche, Säureangriffe – die Liste der Vergehen ist lang. Und lang sind die verhängten Freiheitsstrafen: Sie liegen zwischen vier und zehn Jahren und damit nur knapp unterhalb der Forderungen der Bundesanwaltschaft. Das liegt vor allem daran, dass das Gericht eine klare Entscheidung gefällt hat: Das, was die »Gruppe Freital« 2015 im Großraum Dresden betrieb, war Terror.

Auf das deutliche Urteil, das noch nicht rechtskräftig ist, folgt eine deutliche Begründung. »Dieses Verfahren ist allein Konsequenz Ihrer Taten«, sagt Richter Thomas Fresemann, »die Opfer sind nicht Sie.« Er sagt das, weil dieser Prozess in der rechten Szene als eine Art Schauprozess gilt. Daher dröhnt aus den hinteren Reihen des Zuschauerraums auch Gelächter, als Fresemann sagt: »Es geht und ging nicht darum, in diesem Verfahren ein wie auch immer geartetes Exempel zu statuieren. Wer hier ein Exempel sieht, verkennt, wer die Opfer sind.«

Er wendet sich damit auch an die sechzehn Verteidiger, die in den vergangenen zwölf Monaten vieles unternommen hatten, um die Rolle ihrer Mandanten herunterzuspielen und das Verfahren als überzogen darzustellen. Einige gingen dabei sehr weit: Fresemann schildert etwa die Äußerungen eines Anwalts, der im Verhandlungssaal über einen »Systemwechsel« sowie ein »Fünftes Reich« gesprochen habe.

Wie aufgeladen die Stimmung während der zurückliegenden dreiundsiebzig Verhandlungstage war und welche Anspannung mit diesem Urteil weicht, zeigt sich schon kurz nach der Verkündung des Strafmaßes. Einer der Männer, verurteilt zu fünf Jahren und drei Monaten Haft, schüttelt den Kopf und starrt apathisch ins Leere. Im Zuschauerraum bricht eine junge Frau in Tränen aus, schluchzt lauthals, eine andere hält sich fassungslos die Hände vor das aufgequollene Gesicht. Auch Terroristen haben Mütter, Partner, Freunde.

Das sei einer der Gründe, warum nur der jüngste Angeklagte, ein heute 20-Jähriger, nach Jugendstrafrecht verurteilt werde, sagt Richter Fresemann. Die anderen Täter hätten Berufe gehabt, Beziehungen geführt, sich um Familienmitglieder gekümmert, wie verantwortungsvolle Erwachsene. Schon deswegen habe es sich nicht um junge Leute gehandelt, »die nur ein wenig über die Stränge schlagen«, sagt der Richter. »Weder Terrorismus noch versuchter Mord ist jugendtypisch.«

Fresemann dekliniert nun detailliert die Taten durch, mehr als vier Stunden lang: der Anschlag auf das Auto des Linken-Politikers Michael Richter, der später die Stadt verließ. Die Sprengstoff-Attacken auf Wohnungen von Asylsuchenden, von denen nur durch Zufall niemand tödlich verletzt wurde. Der Angriff auf ein linkes Wohnprojekt – mit Pflastersteinen, Buttersäure-Sprengsätzen, gefährlicher Pyrotechnik. Über die Brutalität der Anschläge sagt Fresemann: »Das waren bürgerkriegsähnliche Zustände«, »die Wucht der Explosion ließ das Haus erbeben«, »das war vergleichbar mit Handgranaten.«

Drei Monate lang ging das so im Sommer 2015, die Anschläge wurden laut Fresemann in beängstigendem Tempo gewaltsamer und immer perfider geplant. »Es stellt sich die Frage«, sagt der Richter. »welche Anschläge gefolgt wären, wenn es nicht im November zu Festnahmen gekommen wäre.« Was Fresemann damit andeuten will, liegt auf der Hand: Stoppten die Behörden einen zweiten NSU, eine mögliche Mordserie, eine rassistische Untergrundbewegung?

Der Richter lehnt solche direkten Vergleiche mit anderen Terrorzellen ab und verweist auf die Erkenntnisse des Gerichts: Die »Gruppe Freital« habe die innere Sicherheit der Bundesrepublik betroffen, ihre Taten seien konspirativ geplant und gut organisiert gewesen, es habe Kooperationen mit Gleichgesinnten wie der »Freien Kameradschaft Dresden« gegeben – und ein gemeinsames Ziel: Ausländer und Andersdenkende zu vertreiben.

Trotzdem, sagt Fresemann, habe es Unterschiede innerhalb der Gruppe gegeben: Der Gründer der »Bürgerwehr FTL / 360«, aus der die »Gruppe Freital« hervorging, habe eine Reichskriegsflagge und gefestigte rechtsextreme Überzeugungen besessen. Der zweite Rädelsführer hingegen habe ein diffuses Weltbild, die anderen Gruppenmitglieder seien wahlweise rechtskonservativ oder stramm nationalsozialistisch, überzeugte Judenhasser oder eher unpolitische Mitläufer.

Kann so ein heterogener Haufen eine gemeinsame politische Haltung entwickeln?

Allerdings, urteilen die Richter. »Insgesamt war der Fremdenhass hier ein dominierendes Motiv«, sagt Fresemann. Demzufolge war der Zuzug Hunderttausender Asylsuchender nach Deutschland in den Augen der Angeklagten ein Staatsversagen, auf das sie mit ihren Verbrechen zu reagieren glaubten. »Ein schuldminderndes Selbsthilferecht«, sagt der Richter, lasse sich aus dieser Vorstellung aber nicht ableiten. »Die Opfer der Anschläge haben diese Ereignisse weder ausgelöst noch beeinflusst«, sagt er, und: »Die Taten waren feige.«

Den Mitgliedern der »Gruppe Freital« waren solche Differenzierungen offenkundig egal. Sie wollten, das wurde in diesem Verfahren und mit dem Urteilsspruch deutlich, ein Fanal setzen gegen eine vermeintliche

»Überfremdung«. Dazu passt die Ankündigung von Generalbundesanwalt Peter Frank aus dem Januar 2016: Im Fall schwerer Übergriffe auf Asylbewerberheime, sagte er damals, müsse »ein Gegenfanal gesetzt werden«.

Das dürfte mit diesem Urteil gelungen sein. Beendet ist die Sache allerdings nicht: Sechs Verurteilte legen wenige Tage nach dem Urteil Revision ein, die der Bundesgerichtshof erst im Juni 2019 verwerfen wird.

Hinzu kommt, dass mit dieser Entscheidung des Oberlandesgerichts Dresden die Gefahr rechtsextremer Übergriffe natürlich keineswegs gebannt ist. Denn eine offenbar wachsende Gefahr geht auch von Menschen aus, die nicht auf den ersten Blick als rechte Gewalttäter zu erkennen sind: Menschen, die an die krudesten Verschwörungstheorien glauben.

DIE WELT DER »REICHSBÜRGER«

Kaum zu glauben, dass dieser Mann bei Plänen zum Sturz der Bundesrepublik mitgemacht hat. Tobias Ginsburg sitzt in einem Besprechungsraum des Esslinger Landestheaters an einem massiven Holztisch und wühlt sich durch einen Papierhaufen. Es sind die Belege aus seinen Recherchen im Milieu der »Reichsbürger«.

Der 31-Jährige, ein redseliger Typ mit rundlichem Gesicht und Schiebermütze, hat ein Buch darüber geschrieben: *Die Reise ins Reich.* Darin erzählt Ginsburg, der eigentlich als Theaterregisseur sein Geld verdient, von seiner Undercover-Recherche unter »Reichsbürgern«, für die er sich eine Tarnidentität zulegte. Mehr als ein halbes Jahr verbrachte er mit Verschwörungstheoretikern, Rassisten, Waffennarren.

Ginsburg selbst bezeichnet sich als einen »Typ, der acht Monate lang Katastrophentourismus betrieben hat« – dabei geht es um viel mehr in seinem Buch, einer Mischung aus Reportage, Groteske und Fachbuch. An diesem auffällig warmen Tag im Frühjahr 2018 will er davon erzählen, wie es dazu kam und was er gelernt hat.

Herr Ginsburg, Sie waren monatelang im »Deutschen Reich« unterwegs. Wo hat es Ihnen am besten gefallen?

Ginsburg: Ich würde eher eine Reisewarnung aussprechen, so ein Trip ist schlecht für die Psyche. Am aufschlussreichsten war es in Orten wie Kahla, einer Kleinstadt in Thüringen: Da kann man die »Reichsbürger«-Ideologie in allen Facetten beobachten, vom Skinhead über den AfD-Funktionär bis hin zum Esoteriker – sie alle eint ihre Angst vor einer Weltverschwörung.

»Reichsbürger« sind also Angsthasen?

Ginsburg: Alle Menschen sind Angsthasen. Die Frage ist, wie wir mit unserer Angst umgehen. Wir leben in einer brutalen Welt voller Zufälle und tragischer Unglücke. Wer an Verschwörungstheorien glaubt, hat es einfacher; dann stirbt ein Krebspatient nicht einfach so, sondern weil ihn ein Arzt mit jüdischer Schulmedizin zu Tode gefoltert hat. Es gibt immer einen Feind: die da oben.

Ginsburg zeigt mit dem Finger zur Zimmerdecke, verdreht die Augen und grinst diabolisch. Er liebt die Rolle des Erzählers, so macht er das auch in seinem Buch: sehr anschaulich, sehr unterhaltsam, begleitet von einem sarkastischen Unterton. Als wäre er sich selbst nicht ganz sicher, ob er über die wachsende Zahl der »Reichsbürger« eher belustigt sein soll – oder doch besorgt.

Wie haben Sie es so lange bei diesen Leuten ausgehalten?

Ginsburg: Zunächst einmal habe ich versucht zu unterscheiden zwischen Opfern und Tätern, zwischen Verführern und Verführten. Aber das ist kaum möglich. Trotzdem sind mir einzelne Menschen geradezu sympathisch geworden, Johannes zum Beispiel, den ich in der »Reichsbürger«-Kommune »Königreich Deutschland« getroffen habe. Der ultrarechte Publizist Jürgen Elsässer hingegen sicherlich nicht. Geholfen hat es mir aber auch, Zweifel und Ekel einfach wegzubrüllen: Ich hatte mich irgendwann an meine Rolle als Rechtsradikaler gewöhnt und überspielte meine Nervosität. Ich war einer von denen, und irgendwann hatte ich sogar eine gewisse Autorität.

Auch dank Ihrer Tarnidentität?
Ginsburg: Klar, das hat es total erleichtert. Als Tobias Patera betrieb ich das Blog »Der Widerstand«, auf dem ich mich als alternativer Journalist inszenierte – also als einer, der das System ablehnt und die Wahrheit im Sinne der »Reichsbürger« sucht. Auf diese Weise erarbeitete sich mein Alter Ego Glaubwürdigkeit in der Szene und hatte bald Hunderte Facebook-Freunde. Ich war wer, man kannte mich in bestimmten Kreisen.

Ginsburg klappt sein Notebook auf, scrollt über das Blog und Pateras Facebook-Profil. Drei neue Anfragen, 1310 »Freunde« sind es jetzt. »Gemeinsam für den Frieden«, schreibt ihm einer seiner Kontakte. Stolz schildert Ginsburg, wie lieblos er seine Scheinidentität auf Facebook zusammenzimmerte: »Freiheit« und »Lügenpresse« habe er in die Google-Bildersuche eingegeben und die jeweils ersten Treffer als Profilfoto und Hintergrundbild ausgewählt. Dann habe er »Reichsbürger« angeschrieben, Freundschaftsanfragen an Szenegrößen rausgeschickt, mit Verschwörungstheoretikern gechattet.

In Ihrem Buch stellen Sie ziemlich viele Leute bloß. Haben Sie keine Angst vor Rache?

Ginsburg: Ich erwähne nur diejenigen mit vollem Namen, die selbst in die Öffentlichkeit drängen. Die zu erwartenden bösen E-Mails will ich auf jeden Fall beantworten.

Warum?

Ginsburg: Vielleicht kann ich manchen ja erreichen, ein bisschen zumindest. Wiedersehen möchte ich niemanden, aber zur Wahrheit gehört auch: Ich habe Nazis getroffen, die eigentlich nette Menschen sein könnten.

Das würden diese Nazis über Sie vermutlich nicht sagen, wenn sie wüssten, dass Sie jüdischen Glaubens sind.

Ginsburg: Ja, aber das musste ich ausblenden, ich hatte es mit Antisemiten zu tun. Die hängen etwa an der Idee einer Weltverschwörung gegen die Deutschen, für die eine obskure Macht verantwortlich ist. Es hat mich auf merkwürdige Weise überwältigt, dass es diese uralten Gruselgeschichten immer noch gibt.

Ginsburg zieht eine dicke Kladde vom Tischende zu sich und präsentiert seine Mitbringsel aus dem »Reich«: eine Preisliste für esoterische »Reichsbürger«-Geräte wie das »Diadens PCM 6« für 449 Euro. Einen Apparat zur »dynamischen elektrischen neuronalen Stimulation«. Eine Einladung zum Salzburger »Toruskongress« mit Themen wie »Marsverschwörung«, »Elfengesang mit Harfe«, »Geheime Weltraumverteidigung«. Heimlich aufgenommene Fotos mit Jürgen Elsässer, obskure Flugblätter und Broschüren voller Abkürzungen.

Was hat es mit den Abkürzungen auf sich?

Ginsburg: Sie sind Chiffren für die Welt, in der »Reichsbürger« leben. Die heimliche Weltregierung heißt »Neue Weltordnung«, kurz NWO. Und der illegitime Staat hier ist die »Bundesrepublik in Deutschland«, BRiD. Sprache hat für »Reichsbürger« ohnehin eine Schlüsselfunktion: Das Wort »Personalausweis« etwa ist Beleg dafür, dass wir nur Personal dieses Staates sind, keine Bürger.

Das wirkt alles so harmlos, fast niedlich-naiv.

Ginsburg: Vieles, was ich erlebt habe, war sehr kurios, ohne Humor hätte ich das alles gar nicht ertragen. Sich darüber nur lustig zu machen wäre aber falsch: Überall, wo ich recherchiert habe, gab es neben Ideologen verschiedener Couleur auch gescheiterte Existenzen, Verwirrte und Orientierungslose. Das ist traurig und auch beängstigend, weil diese Labilität viele Menschen treffen kann. Und die können ziemlichen Schaden anrichten.

Die Sicherheitsbehörden warnen vor bewaffneten »Reichsbürgern«, in Thüringen sollen einige sogar eine Kampftruppe geplant haben. Das klingt nicht nach gescheiterten Existenzen, die Orientierung suchen.

Ginsburg: Das Problem ist die unglaubliche Breite der Szene, dieses Gedankengut erreicht fast alle Teile der Gesellschaft. Das ist es, was mich an dem Phänomen so fasziniert hat und weshalb ich eine Art Vermessung des »Reiches« starten wollte. Die übergeordnete Frage lautete: Wie weit reicht das »Reich«?

Und?

Ginsburg: Es gibt keine Grenzen, nicht einmal Demar-
kationslinien. Esoteriker und Ufologen gehören genauso
dazu wie gewaltbereite Mittelständler oder ein früherer
ARD-Korrespondent. Manche träumen von Ostpreußen,
andere vom Weltraum. Eines aber eint diese Leute: Man
kann Nazi sein, ohne es zu wissen.

*Es ist ein Satz, den Ginsburg an diesem Nachmittag
in ähnlicher Form mehrmals sagt, er hält ihn für eine
der zentralen Thesen seines Buchs: Dass ihre eigene
Ideologie faschistisch ist, von Alt- und Neonazis stammt,
das blenden demnach viele Verschwörungstheoretiker
aus. Manche »Reichsbürger«, sagt er und gestikuliert
dabei wild, wähnten sich selbst gar im Kampf gegen die
Faschisten. Das seien die jeweils anderen, die Lügenpresse, die Bevölkerung, das System.*

**Sie hatten acht Monate lang zwei Identitäten. Wie sind
Sie den »Reichsbürger« in sich wieder losgeworden?**

Ginsburg: Mein Alter Ego Tobias Patera ist an einem
Abend unter Nazis gestorben. In einer Kneipe hat mir
ein Typ haarklein erläutert, wir müssten uns Ostpreußen
zurückholen, eine neue »Wehrsportgruppe Hoffmann«
gründen und die Hälfte der Menschheit biologisch ver-
nichten. Da war mir klar: Es geht nicht mehr. Der nächste logische Schritt wäre gewesen, der Einladung dieses
Mannes zu folgen und mit ihm nach Königsberg zu fahren. An diesem Abend habe ich mich so sehr vor Patera
geekelt, dass ich ihn getötet habe.

*Das Gespräch mit dem falschen Patera ist Furcht ein-
flößend: Ginsburgs Recherchen legen einerseits einen*

weitverbreiteten Antisemitismus offen. Zugleich zeigen sie, dass es abgesehen vom klassischen Judenhass ein von rechten Organisationen und Hetzern aufgebautes neues Feindbild gibt: den Muslim. Dem wird sogar dann die Schuld zugeschoben, wenn der Islam überhaupt keine Rolle spielt. So wie im April 2018 in Münster.

FALSCHER ISLAM-ALARM

Inge Müller wusste seit Langem, dass etwas nicht stimmte. Vor einigen Jahren habe ihr Nachbar einen schweren Unfall gehabt, sagt sie, der Industriedesigner habe bei einem Sturz im Treppenhaus schwere Verletzungen davongetragen. Danach, so erzählt es die grauhaarige Dame an diesem Morgen im Bahnhofsviertel von Münster, habe Jens R. sich verändert. Sehr stark verändert.

Gibt die Geschichte dieses Unfalls Antworten auf die Frage, warum R. tags zuvor, an einem sonnigen Frühlingssamstag, mit einem Kleinbus im Zentrum der westfälischen Großstadt in eine Menschenmenge rund um die »Kiepenkerl«-Statue fuhr? Warum er mehrere Menschen tötete, fast zwei Dutzend weitere zum Teil schwer verletzte, sich selbst schließlich erschoss? Inge Müller, die eigentlich anders heißt, kann nur mutmaßen – aber vieles spricht aus ihrer Sicht dafür.

Die tödliche Amokfahrt von Münster hat die Republik aufgeschreckt, an diesem Aprilwochenende steht ein Verdacht im Raum: War es die Tat eines Islamisten, eines von Fanatikern aufgestachelten Terroristen?

Die Islam-Debatte wird in rechten Internetforen bereits unmittelbar nach der Tat geführt, dabei spricht wenig für einen solchen Zusammenhang: In den Jahren nach dem Unfall habe R. das gesamte Haus tyrannisiert, sagt Anwohnerin Müller. Sie wohnt ein paar Häuser weiter, trotzdem habe sie von den Streitereien viel mitbekommen. R. habe sogar gegen seine Nachbarn prozessiert – eine Familie, die er für den Unfall verantwortlich gemacht habe, weil sie Gegenstände im Treppenhaus habe herumliegen lassen. Zuletzt habe R. immer häufiger Reisen gemacht, sei monatelang mit seinem Van fort gewesen.

Die Polizei hält sich an diesem Wochenende bedeckt mit Details über das Vorleben jenes Mannes, der für den Amoklauf verantwortlich sein soll. Um kurz nach zehn eilt Polizeisprecherin Angela Lüttmann zu dem Haus, in dem R. wohnte. »Sehen Sie mir nach, dass ich etwas übermüdet bin«, sagt sie zu den umstehenden Reportern, »ich habe auch nur zwei Stunden geschlafen.«

Dann berichtet sie, was sie berichten darf, sehr viel ist es nicht. »Es gibt keine Hinweise darauf, dass es sich um einen terroristischen Anschlag handeln könnte«, sagt sie. Klar ist laut Polizei hingegen: Der gebürtige Sauerländer R., der an der Fachhochschule Münster in den Neunzigern Design studierte und sich später selbstständig machte, war ein Einzeltäter. Ein Einzeltäter, der offenbar auch ein Einzelgänger war.

Später teilt die Polizei mit, man habe Hinweise darauf, »dass die Ursachen für die Ausführung der Tat in seiner Persönlichkeit begründet sind«.

In der Straße, die auffällig trostlos und grau ist, kannten offenbar nur wenige Jens R. persönlich. »Im eigenen

Haus kennt man sich schon«, sagt etwa ein Mann mit Steppjacke und Brötchentüte, »aber ja nicht in der Nachbarschaft.« Ein anderer, der seinen Hund Gassi führt, wird noch deutlicher: »Hier kennt sich doch keiner.«

Eine ältere Dame mit grauem Haar und quietschbuntem Schal steigt auf der anderen Straßenseite aufs Fahrrad. Sie komme gerade zum ersten Mal seit der Tat wieder aus der Wohnung, sagt sie, »ich bin ziemlich geschockt«. Sie stelle sich vor allem eine Frage: »Wie soll man so was verhindern? Ich kann mich ja nicht im Keller verbuddeln.« Sie setzt den Fuß auf das rechte Pedal, zögert, dann sagt sie noch: »Ja, eine aufmerksame Nachbarschaft, das wäre natürlich wichtig.«

Dabei gab es durchaus aufmerksame Nachbarn – Leute wie jenen Mann mit Wuschelhaar und Viertagebart, der um Viertel vor elf auf einem minzgrünen Rennrad durch die Straße rollt, eine Packung Windeln in der Hand. Der 33-Jährige soll in diesem Text Daniel C. heißen, er wohnte mit seiner Familie direkt unter der Eigentumswohnung von Jens R., man begegnete sich oft. Er wolle eigentlich nur kurz sein Handyladekabel aus der Wohnung holen, sagt der Nachbar. Aber dann bleibt Daniel C. doch stehen und erzählt.

R. sei einer gewesen, »mit dem man echt zurechtkommt«, ein netter Typ. »Aber ich habe auch schnell gemerkt, dass er wahrscheinlich eine Persönlichkeitsstörung hat, psychische Probleme.« Der 48-Jährige sei völlig distanzlos gewesen, aufdringlich: »Ich habe mich nicht so viel mit ihm unterhalten. Er hat sich viel mit mir unterhalten.« In endlosen Monologen habe R. dann etwa von Problemen in seiner Kindheit erzählt.

Von Kontakten in die rechte Szene wisse er hingegen nichts. R. war demnach nicht politisch, sondern schlichtweg krank – psychisch und physisch. »Er dachte«, sagt C. über die Behandlung nach dem fatalen Unfall im Treppenhaus, »dass man ihn zum Krüppel operiert habe, dass es sich um eine Verschwörung handele.« C. ist sich sicher: »Der Mann war wahrnehmungsgestört, der hatte Verfolgungswahn.«

Spätestens seit Ende März war klar, dass es wohl noch deutlich schlechter um R. stand. Daniel C. berichtet von einer Mail, die sein Nachbar vor etwa zehn Tagen an mehrere Leute verschickt habe. Darin habe er angedroht, sich das Leben zu nehmen. »Ich habe die Polizei informiert und ihm zurückgeschrieben, dass er sich Hilfe holen soll«, sagt C.

Der Polizei mache er trotzdem keinen Vorwurf, er selbst hätte seinem Nachbarn ja auch keinen Amoklauf zugetraut. »Wenn jemand seinen Suizid androht«, sagt C., »kann man nicht damit rechnen, dass er einen Anschlag begeht.«

Das sehen nicht alle so, vor allem ein paar Politiker wollen aus der Todesfahrt von Münster offenkundig Kapital schlagen. Beatrix von Storch etwa, Bundestagsabgeordnete der AfD, twitterte unmittelbar nach dem Anschlag Angela Merkels längst historisches Zitat »Wir schaffen das« in Großbuchstaben. Wenig später bezeichnete von Storch den Täter als »Nachahmer islamischen Terrors«. Irgendwie, das ist die Botschaft der Rechtspopulistin, wird wohl der Islam verantwortlich sein.

In den Tagen nach der Amokfahrt bleibt der Tweet der Populistin ein Thema. Der CSU-Generalsekretär fordert ihren Rücktritt und stellt von Storchs Anstand infrage. Nach ein paar Tagen nennt die Politikerin ihren Tweet dann selbst einen »Fehler«, aber da hat sich die Debatte über den Islam längst verselbstständigt.

Dabei war Jens R. kein religiöser Fanatiker, sondern ein psychisch Kranker. Eigentlich müsste also eine breite gesellschaftliche Debatte über Präventionen, Therapien und die Vereinsamung vieler Mitglieder unserer Gesellschaft einsetzen. Eine solche Diskussion müsste natürlich schon seit Langem geführt werden – nicht nur, weil nun ein einzelner Kranker große Aufmerksamkeit erfährt. Und natürlich darf es auch nicht darum gehen, psychisch kranke Menschen zu stigmatisieren – oder Verständnis für Gewalttäter mit solchen Erkrankungen zu wecken.

All das ist angesichts des Amoklaufs von Jens R. eine heikle Aufgabe, die intellektuell und emotional herausfordert: Es ist schwierig, zwischen einer Tat und dem Täter zu differenzieren. Es ist schwierig, sich angesichts der leidenden Betroffenen ausgerechnet mit den Problemen des Täters intensiv zu befassen. Es ist schwierig, auch nur in Betracht zu ziehen, dass ein Amokfahrer womöglich selbst auch Opfer war.

All das ist schwierig – zumal es eine sehr viel unkompliziertere Möglichkeit gibt, das Geschehen zu verarbeiten. Mit Hass. Das ist die traurige Erkenntnis dieser Reise: Wir leben in einer Zeit, in der selbst Vorfälle ohne jeden politischen Bezug professionell durchpolitisiert werden. Der erste Verdächtige heißt dann Islam. Und das erste Opfer ist stets die Wahrheit.

Wohin das führen kann, ist bekannt. Und zwar schon seit vielen Jahren.

EINMAL HASS, EWIGE TRAUER

Mevlüde Genç humpelt langsam in Zimmer 118 des Solinger Rathauses, sie stützt sich auf ihren Gehstock, lässt sich auf einen Stuhl sinken. Fünfundsiebzig ist sie jetzt, hört nicht mehr so gut, und erst vor Kurzem haben die Ärzte sie wegen eines grauen Stars am Auge operiert.

Aber die Seniorin ist nicht hier, um über ihre körperlichen Gebrechen zu sprechen. Sondern über die seelischen Wunden und Narben, die sie und ihre Familie seit einem Vierteljahrhundert quälen. »Dieser Schmerz«, sagt Genç auf Türkisch, »hat sich überhaupt nicht geändert, ich spüre ihn auch heute noch wie am ersten Tag.«

Der erste Tag war der 29. Mai 1993. Es war der Tag, an dem die wiedervereinigte Bundesrepublik endgültig ihre Unschuld verlor – und Mevlüde Genç zwei Töchter, zwei Enkelinnen und eine Nichte: Hatice, Gülüstan, Hülya, Gürsün und Saime starben in dieser Nacht bei einem rassistischen Brandanschlag auf das Wohnhaus der Gençs in Solingen. Das jüngste Opfer war vier Jahre alt, acht weitere Menschen erlitten zum Teil schwere Verletzungen.

Wie verkraftet man ein solch furchtbares Erlebnis?

197

Mevlüde Genç ist an diesem lauwarmen Tag im Mai nicht allein gekommen. Neben ihr sitzen ihr Mann Durmus, ein gebückter Senior von vierundsiebzig Jahren, und ihre Enkeltochter Özlem. Die 18-Jährige hat gerade ihre Abiturprüfungen abgelegt, demnächst möchte sie studieren – »vielleicht Ernährungswissenschaften«, sagt sie und lächelt schüchtern. Obwohl sie erst Jahre nach dem Anschlag zur Welt kam, beschäftigt auch sie diese Tat seit Langem.

Der Anschlag gilt als eine der folgenschwersten rassistischen Taten in der Geschichte der Bundesrepublik – und war der Höhepunkt einer Serie: Seit Juli 1991 hatten unzählige Gewalttaten die Republik erschüttert, brutale Übergriffe wie im sächsischen Hoyerswerda oder in Rostock-Lichtenhagen – und als es Ende 1992 im norddeutschen Mölln Tote gab, waren die Opfer erstmals Menschen, die schon vor vielen Jahren nach Deutschland gekommen waren. Menschen wie die Familie Genç.

Die Probleme, die damals zutage traten, sind auch heute wieder akut: soziale Spannungen, das wirtschaftliche Gefälle zwischen Ost und West, plötzlich aufbrechender Hass auf alles Fremde. Die Politik reagierte in den frühen Neunzigern, indem sie monatelang über »Asylmissbrauch« diskutierte und schließlich mit einer Verfassungsänderung den Schutz für Zuwanderer drastisch einschränkte. Drei Tage nach diesem Beschluss brannte das Haus der Gençs.

Die Familienmitglieder reden untereinander nicht darüber, so schildert es Mevlüde Genç, die sich damals aus dem Erdgeschoss retten konnte. »Ich habe meinen Kindern und Enkeln niemals davon erzählt und bespreche das nicht mit ihnen.« Sie hat eine weiche Stimme, aber sie spricht monoton, als wäre sie völlig erschöpft. »Wenn man die alten Wunden immer wieder aufreißt«, sagt sie, »führt das nur zu neuen Schmerzen.« Vor allem aber wolle sie nicht, dass ihre Kinder emotional reagieren: mit Hass auf die Täter – oder die ganze Gesellschaft.

Genç weiß, wovon sie spricht. Sie sagt: »Ich verspüre gegen niemanden Hass – mit Ausnahme dieser vier Männer.« Gemeint sind die verurteilten Mörder von damals, die alle längst wieder in Freiheit sind. Es ist das einzige Mal, dass Genç nicht nur ihre Augenbrauen hebt, sondern auch die Stimme. »Diesen vier Männern wünsche ich, dass Gott sie bestraft, und zwar mit seiner ganzen Härte«, sagt sie. »Ich habe meine Kinder verloren, und diese Kinder kommen nie zurück.«

Die Seniorin spricht nun über den Indizienprozess gegen die Brandstifter vor dem Oberlandesgericht Düsseldorf, der für die Familie eine anderthalbjährige Tortur bedeutete. »Die waren während des Gerichtsverfahrens völlig unverfroren«, sagt sie über die Angeklagten. »Sie haben gelacht und so getan, als wäre nichts passiert.«

Einer, der sich an die Szenen im Gerichtssaal auch noch gut erinnert, ist Wolfgang Steffen. Er leitete damals den Prozess vor dem sechsten Strafsenat als Vorsitzender Richter. Steffen ist noch immer Jurist, er geht direkt ans Telefon. »Der Tag des Urteils wird mir immer im Gedächtnis bleiben«, sagt der 79-Jährige. An 127 Verhandlungstagen hatten er und seine Kollegen die Tat und die Vorgeschichten der Angeklagten akribisch seziert, 285 Zeugen und Sachverständige befragt.

»Es war ein sehr schwieriger Indizienprozess«, sagt

Steffen, »das hat schon eine Menge Kraft gekostet.« Zwei der Angeklagten legten ein Geständnis ab, das einer von beiden jedoch am achzigsten Verhandlungstag widerrief. Die weiteren Beschuldigten beteuerten ihre Unschuld, zudem gab es Zweifel an einigen Ermittlungsergebnissen.

Am Ende verurteilten die Richter die vier jungen Männer zu langen Gefängnisstrafen – wegen fünffachen Mordes, versuchten Mordes an vierzehn Menschen und besonders schwerer Brandstiftung. Keiner der Verurteilten ging gegen den Schuldspruch vor.

Inzwischen sind die Mörder von Solingen längst wieder in Freiheit, die Familie Genç wird für immer mit den Folgen der Tat leben müssen. Und Richter Steffen? Ihn prägte dieses Verfahren wie nur wenige Prozesse zuvor: »Das Leid der Opfer«, sagt er, »ihre seelische Pein, geht in so einem Prozess unter, dafür ist logischerweise kaum Platz.«

Steffen ließ sich wenig später in einen Revisionssenat versetzen und wechselte nach seiner Pensionierung die Seiten: Der Jurist wurde Opferanwalt, ließ sich in den Beirat des Weißen Ringes wählen und engagierte sich in einer Expertenkommission des Justizministeriums für bessere Opferrechte. »In diesem Moment«, sagt er, »war der Solingen-Prozess mit maßgeblich für meine Entscheidung: Ich tu was für die Opfer, die kommen einfach zu kurz.«

Und Mevlüde Genç, die Mutter der ermordeten Mädchen, wie wirkte sich der Prozess auf ihr Leben aus? Ihren Schmerz, sagt sie, hätten die Urteile nicht gelindert: »Für mich, die ihre Kinder verloren hat, spielte es keine

Rolle, ob das Gericht sie zu fünfzig oder zu einem Jahr verurteilt. Diese vier Personen sind für mich nichts.«

Es sind scharfe Verwünschungen, die erklären, warum die Mutter und Großmutter über dieses Thema lieber schweigt. Sie beeilt sich dann auch zu wiederholen, dass sie allen anderen Menschen gegenüber keinen Hass empfinde. Das ist seit Jahren ihre Botschaft: Genç hatte schon kurz nach dem Anschlag zu einem friedlichen Miteinander aufgerufen – und dafür später unter anderem das Bundesverdienstkreuz erhalten.

Eine politische Aktivistin ist Genç aber nicht, im Gegenteil. Als es um die AfD geht, die in Solingen bei der Bundestagswahl 2017 jede zehnte Stimme bekam, fällt Enkelin Özlem ins Wort: »Meine Großmutter beantwortet keine politischen Fragen.«

Das macht sie dann aber doch.

Was sie darüber denke, dass seit einigen Jahren wieder Rassisten die Wohnungen von Migranten anzünden?

»Wir sind alle Menschen und haben alle nur ein Leben. Mit Gewalt kann man nichts erreichen.«

Was sie darüber denke, dass Politiker in Solingen das Gedenken instrumentalisieren könnten?

»Ich möchte meiner getöteten Kinder gedenken. Politisches will ich nicht dabei haben.«

Was sie darüber denke, dass der türkische Außenminister bei der Gedenkfeier auftreten will – mitten im Präsidentschaftswahlkampf in der Türkei?

»Es ist mir sehr wichtig, dass auch wieder der türkische Staat einen Repräsentanten schickt.«

Sie stamme aus der Türkei, sagt Genç, aber Solingen sei zur Heimat geworden. »Ich habe die Stadt lieb gewonnen, und deswegen habe ich es vorgezogen hierzubleiben.« Sechs Monate im Jahr verbringe sie mit ihrem Mann auch in der Türkei, »weil wir viel Sonne brauchen und das genießen.« Deutschland zu verlassen, sagt sie, sei aber keine Option.

Es ist ein Versprechen, das Mevlüde Genç erstmals vor einem Vierteljahrhundert gemacht hatte. »Wir werden hierbleiben«, sagte sie wenige Tage nach dem Mordanschlag in einem Interview. »Wir haben unsere Wurzeln hier.« Vielleicht ist das die wichtigste Botschaft der Mevlüde Genç: dass sie sich selbst dann nicht vertreiben lässt, wenn Rassisten ihre Kinder und Enkel ermorden.

Der Brandanschlag in der Unteren Wernerstraße mag ein Ausdruck einer gesellschaftlichen Spaltung gewesen sein, er hat aber auch einende Wirkung. Das zeigt sich ein paar Wochen nach dem Treffen mit den Genços, am 25. Jahrestag des tödlichen Brandes.

Horst Philipp, ein weißhaariger Senior, sitzt an diesem schwülheißen Nachmittag auf einem dreibeinigen Klapphocker vor der Mildred-Scheel-Schule – und ist empört. »Das ist unter aller Sau hier«, faucht er, »ich werde mich darüber beschweren!« Vierundzwanzigmal sei er bei dem jährlichen Gedenkakt gewesen, sagt Philipp, für ihn sei das ein wichtiges Ritual geworden. Viele Freunde seien der Meinung, dass es langsam mal reiche mit der Trauer, nicht so er: »Mir ist das ein Bedürfnis, man kann so vielleicht ein bisschen mitfühlen.«

Sein Mitgefühl gilt einer Familie, die er nie persönlich kannte – und seine Wut einigen Politikern, für die er offenbar wenig übrighat: Heiko Maas und Mevlüt Çavuşoğlu, die Außenminister Deutschlands und der Türkei, haben ihr Erscheinen und eigene Reden angekündigt. Aber das, sagt Philipp, gehe gar nicht. Die Politiker würden das Gedenken kapern und zu einem politischen Massenevent machen.

»Das ist doch kein stilles Gedenken mehr«, sagt er und zeigt um sich: auf die Kamerateams, auf die vielen Leute in Sommerkleidchen und edlen Anzügen, auf die Absperrgitter und zusätzlich aufgestellten Mülleimer. »Das ist ja wie ein Rummel«, raunt er, »fehlt nur noch, dass hier Bratwürstchen verkauft werden.«

Wenig später kommt ihm der Himmel zu Hilfe. Kaum eröffnet Oberbürgermeister Tim Kurzbach die Gedenkfeier, sprüht ein kühler Windstoß erste Regentropfen auf den Platz. Als das Wasser, begleitet von dumpfem Donnergrollen, wenige Minuten später literweise niedergeht, brechen die Behörden den Gedenkakt ab – noch bevor Maas und Çavuşoğlu auch nur ein Wort ins Mikrofon gesprochen haben.

Vielleicht freut das Kritiker wie Horst Philipp. Ganz bestimmt aber ist es ein Rückschlag für die Familie Genç, die den Besuch der beiden Außenpolitiker ausdrücklich gewünscht hatte.

Eine bemerkenswerte Rede hören die Anwesenden der Feier dennoch. Kurz vor Ausbruch des Unwetters spricht Oberbürgermeister Kurzbach darüber, wie die rechte Szene in Solingen Anfang der Neunzigerjahre unterschätzt worden sei: »Die Personen, die man kannte, hielt man für ungefährlich und eher skurril.« Eine fatale Fehleinschätzung.

Zugleich zieht Kurzbach Parallelen zur Gegenwart, in der wieder Politiker gegen Zuwanderer hetzen. »Aus dem Wahlkampf heraus wurden Ängste geweckt«, sagt der SPD-Politiker über das politische Klima der frühen Neunziger. »Und heute? Wieder sollen die sogenannten Fremden die Gefahr sein für alles Mögliche in unserem Land.« Die AfD, sagt Kurzbach, habe Hass und Ausgrenzung sogar zu ihrem Markenkern erhoben.

Von Solingen müsse daher nun eine deutliche Warnung ausgehen: »Es ist im Angesicht dieses Mahnmals geradezu eine Verpflichtung, daran zu erinnern, was passiert, wenn sich verantwortungslose Worte verselbstständigen.« Kurzbach meint damit nicht nur das rassistische Verbrechen vom 29. Mai 1993. Es ist auch eine deutliche Kritik an den Bemühungen vieler Politiker der Gegenwart, mit populistischen Parolen gegen Zuwanderer zu punkten.

Am frühen Abend versammelt sich eine deutlich kleinere Gruppe zu einer weiteren Gedenkveranstaltung, diesmal vor einer Baulücke in der Unteren Wernerstraße 81 – jenem Ort, wo vor einem Vierteljahrhundert fünf unschuldige Menschen erstickten, verbrannten oder in den Tod stürzten. Der Moscheeverband Ditib hat zum Gebet eingeladen.

Auch Mevlüde und Durmus Genç sind hier, sie starren ins Nichts. Das Ehepaar spricht an diesem Abend in kein Mikrofon. Vielleicht, weil schon alles gesagt ist. Vielleicht, weil ihnen sowieso niemand ihre Toten wiederbringen kann.

Welche Botschaft also geht an diesem Tag von Solingen aus?

Am Abend lese ich auf Twitter, was ein Kollege über den Jahrestag schreibt: »Heute erinnern wir an den rassistischen Brandanschlag in Solingen. Morgen sprechen wir dann wieder darüber, dass man die Ängste der AfD-Wähler ernst nehmen muss, und vergessen die Ängste von Migranten und ihren Kindern.«

Ist es nicht möglich, Rassismus zu verurteilen, der Opfer solcher Anschläge zu gedenken – und sich zugleich auch Gedanken darüber zu machen, was die Ursachen solcher Gewaltakte sind, welche Ängste dahinterstehen könnten, so verwerflich und verworren diese auch sein mögen? Offenkundig radikalisieren sich Menschen auch deshalb, weil sie sich bevormundet, ignoriert und verlassen fühlen. Und weil manche irgendwann dem verwerflichen Glauben verfallen, selbst zur Tat schreiten zu müssen.

Es gibt eben Fragen, die empörend und verstörend sind, aber dennoch gestellt werden müssen: Woher kommt dieser Hass, der Menschen andere Menschen töten lässt, weil sie anders aussehen oder andere Sprachen sprechen oder anderen Religionen angehören?

Das ist eine offenbar ewige, eine unvergängliche Frage. Eine, die sich noch immer und immer wieder Zuwanderer stellen. Zuwanderer, von denen viele 1993 noch nicht mal auf der Welt waren. Zuwanderer wie Ahmad Hashish.

EIN FLÜCHTLING KEILT ZURÜCK

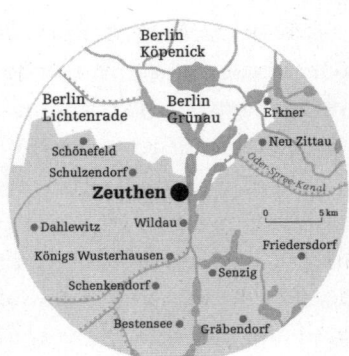

Ahmad Hashish hätte auch ein anderes Buch schreiben können, eines über die perfekte Integration. Der Syrer, schmale Figur, breite Wangenknochen, hat sich ein weißes Hemd angezogen. Sein Lächeln ist so sanft wie sein Händedruck, sein Deutsch überraschend gut. Und er war an diesem warmen Tag im Frühsommer 2018 schon zehn Minuten vor der vereinbarten Zeit am Treffpunkt, einem Restaurant in seinem Wohnort Zeuthen bei Berlin.

Hashish passt sich an, mit allen Mitteln – und fühlt sich trotzdem nicht dazugehörig.

Im vergangenen Jahr schrieb er darüber einen kurzen Text für den Schulunterricht, den er später an die »Berliner Zeitung« schickte. »Ihr seid alle Terroristen«, heißt es darin – weil viele Deutsche nur darauf aus seien, Flüchtlinge wie ihn wieder loszuwerden. Die Reaktionen waren heftig, viele warfen Hashish Undankbarkeit vor, in rechten Internetforen heißt er seitdem »Wut-Flüchtling« oder »Pöbel-Asylant«. Der inzwischen 19-Jährige bereut es trotzdem nicht, den Text veröffentlicht zu haben, er sagt: »Es war die Wahrheit.«

Hashishs Wahrheit kann nur verstehen, wer Hashishs Geschichte kennt: Er kam 1998 in der syrischen Hauptstadt Damaskus zur Welt und wuchs in der nahe gelegenen Region Ghuta auf. 2014 flüchtete der Teenager mit seinen Eltern und zwei Brüdern vor dem Bürgerkrieg nach Europa, seit Ende 2015 lebt die Familie in Zeuthen bei Berlin. In seiner Freizeit schreibt Hashish leidenschaftlich gern: Gedichte, Gedankensplitter, Erfahrungsberichte.

Nun hat er einen weiteren Text veröffentlicht, wieder auf Deutsch: Im »Tagebuch eines nutzlosen Flüchtlings« erzählt der Teenager über den syrischen Bürgerkrieg. Über Flucht und Todesangst. Und über das Gefühl, in Deutschland nicht willkommen zu sein. Dieses Buch ist keine Anklage, sondern ein Angebot Hashishs: Hier ist meine Lebensgeschichte – vielleicht hilft sie, mich und andere Flüchtlinge besser zu verstehen.

Hashish bestellt eine Cola, setzt sich gerade auf seinen Stuhl und wartet auf die erste Frage.

Herr Hashish, kennen Sie das Wort »Weltschmerz«?
Hashish: Äh, nein. Also, ich kenne natürlich »Welt« und »Schmerz«, aber beides zusammen?

Das ist ein Begriff, den es wohl nur in der deutschen Sprache gibt. Er steht für ein Gefühl, das man beschreiben könnte als Traurigkeit über die Unzulänglichkeit der Welt. Ihr Buch ist voll davon.
Hashish: Ja, deshalb habe ich es ja auch geschrieben. Mich beschäftigen der Schmerz meiner Lebensgeschichte und das Unrecht der Welt sehr, das wollte ich anderen

mitteilen. Und ich schreibe nun mal sehr gern, das war also der einfachste Weg.

Warum haben Sie das Buch nicht auf Arabisch geschrieben, Ihrer Muttersprache? Das wäre noch viel einfacher gewesen.
Hashish: Deutsch ist eine schwierige, aber tolle Sprache. Man kann manche Sachen auf eine Art ausdrücken, wie es auf Arabisch nie möglich wäre. Vor allem aber wollte ich ja gerade, dass mich die Deutschen besser kennenlernen.

Warum?
Hashish: Es gibt so viele Vorurteile gegen Flüchtlinge, obwohl fast keiner weiß, was es eigentlich heißt, aus der eigenen Heimat zu fliehen. Ich habe in Syrien auch viel über Deutschland gehört – und hier dann gemerkt, dass die Realität anders ist. Wie kann man Leute hassen, die man gar nicht kennt? Warum haben so viele eine klare Meinung über etwas, wovon sie nichts wissen?

Hashish hofft, dass die Leser seines Buches durch seine Augen sehen. Im »Tagebuch eines nutzlosen Flüchtlings« schildert er auf 160 Seiten aus der Ich-Form die Geschichte seiner Flucht. Er kümmerte sich um das Textlayout, gestaltete den Buchumschlag, veröffentlichte sein Werk auf Amazon, ohne Hilfe eines Verlags.

Wer waren Ihre ersten Leser?
Hashish: Meine Mitschüler, sie haben sehr unterschiedlich reagiert. Manche fanden das so krass, die wollten gar nicht mit mir darüber reden – weil sie Angst hatten,

mich zu verletzen. Aber genau darum geht es mir ja: dass Einheimische hier mit uns reden, sich für uns interessieren. Wir sind doch auch Menschen.

Es geht Ihnen also um Menschlichkeit?
Hashish: Ich würde dieses Wort nicht benutzen. Wenn man sieht, was Menschen weltweit anstellen, dann sieht man: Das Wort »menschlich« müsste eigentlich etwas Negatives bedeuten, weil Menschen mehr Schlimmes als Gutes machen.

Seit wann denken Sie so?
Hashish: Seit der Flucht. Ich werde seit Jahren bestraft, weil irgendwelche anderen Menschen in irgendwelchen anderen Ländern irgendetwas getan haben. Als Flüchtling wird man manchmal behandelt, als wäre man gar kein Mensch – sondern eher ein Ding, noch nutzloser als Tiere.

Wie äußert sich das im Alltag?
Hashish: In der Schule stehe ich manchmal neben anderen Jugendlichen, und sie reden über mich – ganz schnell, weil sie dann glauben, ich könnte sie nicht verstehen. So etwas macht mich traurig, oft auch wütend, aber ich kann das aushalten.

Wie gelingt Ihnen das?
Hashish: Die Flucht war eine furchtbare und trotzdem gute Erfahrung, sie hat mich stärker gemacht. Seit ich das alles überlebt habe, glaube ich, dass man immer wieder bei null anfangen kann, dass man nicht aufgeben darf.

Hashish lächelt mild wie ein Buddha, als er das erzählt, zugleich hält er die Arme verschränkt wie ein trauriges Kind. Es passt zu seiner Grundhaltung, einer Mischung aus Gram und dem Glauben daran, dass es auch gute Menschen gibt. Sein Fluchtbericht zählt Begegnungen mit solchen Menschen auf: der Greis in Serbien, der ihm einen Korb voller Äpfel schenkte. Der Dolmetscher in Ungarn, der heimlich Tipps für die weitere Flucht gab. Die Freunde in Deutschland, die mit ihm eine Radtour zur Ostsee machten.

Manchmal klingt es fast so, als wären Sie dankbar für die Erfahrung der Flucht.
Hashish: Nein, dankbar bin ich natürlich nicht. Aber das Schreckliche kann gleichzeitig auch gut sein. Es gibt das Glück im Pech.

Erzählen Sie vom Glück Ihrer Flucht.
Hashish: Ich habe viele tolle Länder und Kulturen kennengelernt, besonders Serbien hat mich beeindruckt. Und wenn uns jemand einen Tipp oder etwas Wasser gegeben hat, dann habe ich ein paar Tage davon gelebt, das ließ mich alles andere vergessen. Und ich hatte ja auch immer meine Gedichte.

Die Gedichte waren das Einzige, was Hashish auf allen Etappen der Flucht immer bei sich hatte. »Ich kann mich besser ausdrücken, wenn ich schreibe«, sagt er. Tatsächlich sind sogar seine deutschen Texte voller Poesie, sie enthalten trotz sprachlicher Holprigkeiten melancholische Sätze wie diesen: »Ich wünschte, dass mich die Zeit fragt, ob sie aufhören soll zu fließen.«

In Ihrem Buch schreiben Sie auch, dass Sie zwischendurch sterben wollten.

Hashish: Ja, das fing in der Türkei an, als wir zum dritten Mal versuchten, mit einem Boot übers Mittelmeer zu fahren. Sie können sich gar nicht vorstellen, wie kalt es war und wie hoffnungslos sich das anfühlte. Da habe ich mich gefragt: Wofür machen wir das alles? Es wäre doch einfacher zu sterben, schlimmer ging es eh nicht mehr.

Was denken Sie heute?

Hashish: Ich möchte natürlich leben, aber ich bin nicht wirklich zufrieden. Abgesehen von meiner Familie kenne ich hier nur Leute, die mich kaum verstehen – weder meine Muttersprache noch meine Geschichte. Und an dem Tag, an dem ich meine erste Freundschaft in Brandenburg geschlossen habe, erfuhr ich vom Tod einer Tante in Syrien. Da habe ich erstmals bereut, geflohen zu sein. Ich hätte sie so gern noch einmal gesehen, aber ich war einfach nicht da.

Die Welt des Ahmad Hashish ist seit der Flucht größer geworden, seine Familie immer kleiner. Drei Cousins habe er allein im März 2018 verloren, sie starben ihm zufolge bei heftigen Kämpfen in der syrischen Region Ost-Ghuta. Neulich habe er zufällig seinen Onkel im Fernsehen gesehen, er sei vor den Truppen des Regimes ins nordsyrische Idlib geflohen – wie es für ihn weitergehe, sei völlig ungewiss. Geblieben sind Hashish vor allem die vier Menschen, mit denen er gemeinsam geflohen ist: seine Eltern, sein neunjähriger Bruder Muhammad und der sechzehn Jahre alte Amr.

Wie kommt Ihre Familie in Deutschland zurecht?

Hashish: Meinen Eltern war wichtig, dass wir Kinder zur Schule gehen – im Libanon und in der Türkei durften wir das nicht, deshalb kamen wir hierher. Muhammad und Amr sprechen auch gut Deutsch, für meine Eltern ist es schwieriger hier in Zeuthen.

Wie geht es weiter für Sie?

Hashish: Ich besuche jetzt die Oberstufe. Natürlich kann ich noch nicht so gut Deutsch sprechen wie die anderen, aber ich werde jeden Tag besser. Und in Mathe, Physik und Informatik bin ich jetzt schon der Klassenbeste. Nächstes Jahr mache ich Abitur, danach möchte ich studieren, am liebsten Physik. Und vielleicht kann ich ja auch noch weiter schreiben.

Sie wollen also in Deutschland bleiben?

Hashish: Erst mal natürlich schon, aber nicht für immer. Wenn ich mal Kinder habe, sollen sie in einem arabischen Land aufwachsen. Aber vor allem wünsche ich mir, mit all meinen Verwandten wieder zusammen zu sein. Diese Sehnsucht ist noch größer als das Heimweh.

Solche Sätze finden sich in ähnlicher Form auch in Hashishs Buch. »Ich habe immer noch Schwierigkeiten, zu denken, zu fühlen und zu leben, weil mein Herz immer noch mit meiner Heimat verbunden ist«, schreibt er im Vorwort, und: »Dies ist nur eine kleine Geschichte von Millionen von Geschichten, die in meinem Vaterland geschahen.« Es ist eine lesenswerte kleine Geschichte.

Zu den Ergebnissen dieses Treffens in Brandenburg gehört auch eine beängstigende Erkenntnis: Nicht nur viele Menschen, die seit Langem in Deutschland leben, verstehen dieses Land nicht mehr – auch Flüchtlinge wie Ahmad Hashish finden sich orientierungslos wieder in einer von nervenzehrenden Debatten durchrüttelten Gesellschaft.

Eine der Ursachen: Die Diskussionen über Zuwanderung und Identität werden vor allem von Hardlinern geprägt. Dazwischen, zwischen »links« und »rechts«, zwischen Gutmenschen und Wutbürgern, zwischen Traditionalisten und Hyperliberalen, da duckt sich offenbar ein Großteil der Leute einfach weg.

Dabei gibt es sie natürlich, diese Unentschlossenen und nicht eindeutig Zuzuordnenden: Traditionalisten, die Flüchtlinge willkommen heißen. Grüne, die mit AfD-Positionen sympathisieren. Und Altlinke, die Zuwanderung ebenso befürworten wie fürchten.

HERR SCHREIBER ECKT AN

Nach knapp einer Stunde kommt Manfred Schreiber eine Idee. Der Wolf, die Flüchtlinge, da sehe er eine Parallele. Der 73-Jährige schnellt hoch von der Couch in seiner »Rummelbude«, so nennt er das Wohnzimmer, und angelt einen Zeitungsartikel aus einer Umhängetasche.

Die »Badische Zeitung« vom Vortag, Rubrik »Land und Region«, da steht es: »Wolf wütet in einer Schafsherde.«

Natürlich, sagt Schreiber, hätten Zuwanderer nichts mit Raubtieren zu tun. Aber die Art, wie über beide Themen debattiert werde, ähnele sich: Auf der einen Seite seien diejenigen, die Wölfe und Flüchtlinge euphorisch begrüßten. Die Gegenseite warne ausschließlich vor den Gefahren. »Hü oder hott, dazwischen gibt's nichts«, sagt er, »das nervt.« Niemand heiße die Neulinge willkommen und weise *zugleich* auf die Probleme hin. Niemand außer Manfred Schreiber.

Schreibers Leben hat sich verändert, seit er in seinem Umfeld offen seine Ansichten kundtut. Freunde und Verwandte distanzieren sich, so erzählt es der pensionierte Beamte, mancher hält ihn für einen AfD-Sympathisanten. Damit ist er nicht allein, die halbe Republik befindet sich im Selbstfindungsmodus. Aber eines an seinem Fall ist auffällig: Schreiber ist ein liberaler Bildungsbürger, sozialisiert unter 68ern. Und langjähriges Grünen-Mitglied.

Schreibers Geschichte handelt von Polarisierung und Politisierung. Sie zeigt aber auch, was mit einer Gesellschaft passieren kann, in der vermeintliche Gewissheiten erodieren: Altlinke, die plötzlich als Neurechte gelten. Intellektuelle, die plötzlich Populisten zustimmen. Politisch Engagierte, die plötzlich gemieden werden.

Schreiber lebt in Kirchzarten bei Freiburg, mitten im malerischen Dreisamtal. Sein Reihenhäuschen liegt in einer Sackgasse, Schreiber nennt sie »das Ende der Welt«. Er bemüht sich, seinen Horizont trotzdem zu erweitern: Er liest regelmäßig den SPIEGEL und die »taz«, engagiert sich im örtlichen Bürgerverein, im Kundenbeirat der Deutschen Bahn und in der »Interessengemeinschaft Offener Burger Platz«. Manfred Schreiber ist ein Bilderbuchlinker der alten Bundesrepublik.

Wobei, genau genommen: Das *war* er.

»Irgendwann habe ich Zweifel bekommen«, sagt Schreiber an diesem warmen Tag im Sommer 2018 und blickt durch die Fensterfront in seinen Garten. Wann genau das war, wisse er nicht mehr, das sei ein schleichender Prozess gewesen. Ein paar Jahre muss das aber schon her sein, bereits 2014 verteidigte er das Demonstrationsrecht für Pegida: »Heute lernen wir«, schrieb er damals in einem Leserbrief an die »Badische Zeitung«, »wie es gemacht wird, dass künftig niemand wagt, die Demonstrationsfreiheit zu gebrauchen, wenn der Anlass nicht zuvor von den politischen und medialen Eliten genehmigt worden ist.«

Dann kam die AfD: Plötzlich waren Schreibers Thesen Teil eines Parteiprogramms, und der Argwohn gegenüber Regierung und Medien zog in die Parlamente ein. Die frühe AfD, sagt Schreiber heute, sei eine »Partei mit Potenzial« gewesen. Und 2016 habe er Jörg Meuthen bei einer Diskussion in Freiburg gehört. Worüber genau der damalige Landtagsabgeordnete gesprochen habe, wisse er nicht mehr, aber eines sei ihm in Erinnerung geblieben: »Das war schon brillant.«

Als junger Mann begrüßte Schreiber die Einführung der Pille, als älterer Herr demonstriert er gegen die Ehe für alle. Als Student engagierte er sich im AStA für Gleichberechtigung, als Senior beschäftigt ihn die Angst vor straffälligen Zuwanderern.

Ist Schreiber im Alter einfach nur konservativer geworden? Er selbst sieht sich als Opfer einer dramatischen Polarisierung. Viele Ideale der 68er teile er noch heute, beteuert er, und er sei keinesfalls für eine Abriegelung aller Grenzen. Das sei ja gerade sein Dilemma. Er spricht von einer »Polarisierungsdynamik«: »Die einen wollen nur ihren lieben Vorzeigeflüchtling sehen, die anderen sehen überall Gewalttäter.«

Zu den einen gehören laut Schreiber viele seiner Freunde und enge Verwandte. Zu den anderen gehören auch Leute, die Jörg Meuthen und dessen Partei wählen.

Und Schreiber? Will sich nicht festlegen. »Man kann nur noch Gutmensch oder Pegida-Anhänger sein, und Flüchtlinge sind entweder Superhelden oder Schmarotzer«, brummt er in seinen Bart. »Es ist halt der einfachere Weg und intellektuell weniger anstrengend, sich immer nur auf eine Seite zu schlagen.« Das sehe er inzwischen nicht mehr ein – und sage seine Meinung auch dann, wenn sie in seinem Umfeld anecke.

Das hat Folgen. »Du bist ja ein AfD-Versteher«, hätte ein Bekannter mal gesagt, ein anderer habe ihn der »Man-wird-ja-wohl-noch-sagen-dürfen-Fraktion« zugeordnet. So etwas habe er auch in seinem engeren Umfeld schon gehört, sagt Schreiber. »Schön ist das nicht.«

Schreiber schildert nun, wie nahestehende Menschen reagierten, wenn er etwa Straftaten von Zuwanderern ansprach. Wie man ihn bat, über bestimmte Themen nicht mehr zu diskutieren. Wie er nur noch halbherzig gegrüßt oder allein stehen gelassen wurde. Wie sie ihn nur noch mit mitleidigem Lächeln oder irritiertem Kopfschütteln bedachten.

Im Detail veröffentlicht werden sollen diese Geschichten nicht, und das ist durchaus nachvollziehbar: Immerhin geht es um enge Wegbegleiter, mit denen Schreiber aneinandergeraten ist. Es wäre unfair, diese privaten Konflikte publik zu machen – und womöglich würde der Zwist dann erst richtig beginnen.

Der Fall von Manfred Schreiber wirft Fragen auf – etwa, ob beim Streit im Privatleben dieselben Regeln gelten wie im öffentlichen Diskurs: Gehört der Widerspruch nicht ebenso zur Demokratie wie zur engen Freundschaft? Muss der 73-Jährige also Gegenreden hinnehmen, wenn er selbst Meinungsfreiheit für sich beansprucht?

Schreiber selbst tut sich schwer mit diesen Fragen. Politiker gewinnen Wahlen, indem sie provozieren und

Kritik einstecken – aber was kann ein Pensionär und Großvater gewinnen? Schreiber hat sich vor einer Weile eine Art Schweigegelübde auferlegt: Er behält nun alles für sich, was sein Umfeld als rechtes Gedankengut kritisieren könnte. »Ich passe genau auf, was ich rede«, sagt er, »ich will ja den Frieden mit meinen Mitmenschen um mich herum bewahren.« Es gibt offenbar etwas, das Manfred Schreiber mehr fürchtet als medialen Mainstream und kriminelle Flüchtlinge: Einsamkeit.

Ende März wandte sich der Pensionär an den SPIEGEL. »In meinem sozialen Umfeld droht mir die mentale Isolation«, schrieb er in einer Mail – und bat um Tipps, wie er wieder ein Linksliberaler werden könne. »Ich möchte endlich wieder zur Gesellschaft der richtig Denkenden gehören«, beteuerte er, und er meine das keineswegs ironisch.

Die Mail verrät viel über Manfred Schreiber: Er möchte provozieren und diskutieren – aber trotzdem dazugehören. Wie ihm geht es wohl vielen im Land: Sie wollen Zuwendung. Und Zuhörer.

Nun sind Journalisten keine Lebensberater, aber eines können sie: zuhören. Im Gespräch schildert Schreiber seine Kindheit im zerbombten Halle an der Saale, die Jugend im Harz und im Ruhrgebiet, das Studium in Karlsruhe und im niederländischen Delft, die Sozialisation unter 68ern. »Wir hatten das Gefühl, in einer autoritären Gesellschaft zu leben«, sagt er über diese Jahre. »Ja, ich war durchaus politisiert.«

Schreiber greift nach seiner Umhängetasche und fischt zwei weitere Zeitungsartikel hervor. Einmal geht es um einen Übergriff auf eine 24-Jährige in Freiburg-Oberau, einmal um eine Prügelattacke im Stadtteil Stühlinger. Im ersten Fall soll der Täter »dunkelhäutig« gewesen sein, im zweiten »schwarzafrikanisch«, Schreiber hat diese Wörter unterstrichen. Und dann, sagt er, gebe es ja noch den Fall der Studentin Maria Ladenburger, im Oktober 2016 vergewaltigt und ermordet von einem Migranten.

Er wolle diese Fälle nicht verallgemeinern, sagt er, ignorieren könne er sie aber auch nicht. Was genau er damit sagen will, bleibt vage, über jedem Satz schwebt eine gewisse Unentschlossenheit, ein Zweifel. Worum geht es Schreiber wirklich, was treibt ihn an?

Einerseits ist er ein Mann der klaren Überzeugungen: Umgehungsstraßen und neue Bahnstrecken findet er sinnvoll, die vielen Windkraftanlagen im Breisgau eher nicht. Andererseits ist er ein Mann, dem das Jasagen prinzipiell widerstrebt, über sich selbst sagt er: »Ich kritisiere gern, das ist mein Recht.« Das stimmt, diese Haltung zieht jedoch Zwietracht und Querelen magnetisch an. Es ist eben schwierig, nach Harmonie ebenso zu streben wie nach Rebellion.

Hinzu kommt: Für eine Rebellion gegen »die da oben« taugen die Grünen nicht mehr so recht. 1998 kam die Partei in die Bundesregierung, seit 2011 stellt sie in Baden-Württemberg den Ministerpräsidenten. In Schreibers Wohnort Kirchzarten hat bei der vergangenen Kommunalwahl jeder Vierte die Ökopartei gewählt.

So wurde der Rebell Schreiber unfreiwillig Teil des angeblichen Mainstreams. »Den führenden Politikern zuzujubeln habe ich nie gelernt«, sagt er und klatscht dabei so theatralisch in die Hände, dass der ganze Oberkörper wackelt. Die Grünen ähneln seiner Meinung nach inzwischen den Volksparteien, er spricht von »Apparatisierung« und »CDU-isierung«, weil viele Entscheidungen in Hinterzimmern fielen. Wo früher hitzig debattiert wurde, gebe es heute breiten Konsens.

»Wo ist denn die Demokratie, wenn ich keine wirkliche Wahl mehr habe?«, ruft Schreiber aus. Er sagt das, als müsse er bei den Grünen bleiben, als gäbe es keine Parteien wie die Linke oder die AfD.

Ob er sich vorstellen könne, den Rechtspopulisten beizutreten? Schreiber reißt die Augen auf, als blicke er in den Höllenschlund. Ob er sich vorstellen könne, eine eigene Partei zu gründen? Schreiber verdreht die Augen. Ob er sich vorstellen könne, die AfD zu wählen? Schreiber zögert, schaut aus dem Fenster, dann sagt er: Auch bei der AfD beobachte er Einseitigkeit und Polarisierung. »Das ist ein Dilemma, also ehrlich.«

Dann fällt ihm doch noch ein Grund ein, bei den Grünen zu bleiben: Boris Palmer. Der Tübinger Oberbürgermeister und Parteirebell hat ein Buch geschrieben, Titel: »Wir können nicht allen helfen«. Schreiber ist davon begeistert. »Der hat mal gegen die bei Grünen vorherrschende Meinung opponiert«, sagt Schreiber. Gäbe es einen »Freundeskreis Palmer«, träte er sofort bei. Dann würde er endlich wieder irgendwo dazugehören.

Der Besuch bei Manfred Schreiber hinterlässt ein diffuses Gefühl, die Uneindeutigkeit seiner Positionen ist irritierend. Angenommen, Millionen Menschen in Deutschland rängen ähnlich mit sich, ihrem privaten Umfeld und dem Zustand der Welt – was hieße das für den gesellschaftlichen Zusammenhalt, für politische Debatten und künftige Wahlen?

Um diese Polarisierung besser zu begreifen, hilft vielleicht nur eines: ein Streitgespräch, offen und kontrovers.

EINE HITZIGE DEBATTE

Dreiunddreißig Grad zur Mittagszeit, die Terrasse des Restaurants »Chiaveri« am Dresdner Elbufer ist nahezu verwaist. Nur zwei Männer sitzen sich hier gegenüber, von denen man denken könnte, sie hätten sich nichts mehr zu sagen.

Aber Axel Steier und Torsten Küllig sind nur deshalb hier, an diesem Hochsommertag im August 2018: um miteinander zu reden.

Steier, 43, ist Mitbegründer der Hilfsorganisation »Mission Lifeline«, die Bootsflüchtlinge im Mittelmeer rettet. Derzeit halten die Behörden auf Malta das Schiff »Lifeline« fest, der Kapitän landete vor Gericht, und die Angelegenheit weitete sich zu einer internationalen Krise aus. Steier ist jemand, den mancher als »Gutmensch« bezeichnen würde.

Einer wie Torsten Küllig. Der 49-Jährige ist Beamter in der sächsischen Staatsverwaltung – und gewissermaßen Steiers Gegner: 2016 zeigte er »Mission Lifeline« wegen des »Einschleusens von Ausländern« an. Die Staatsanwaltschaft stellte das Verfahren ein, Küllig wandte sich an den

SPIEGEL und schilderte seine Sicht der Dinge. Bald ein Jahr schon ist dieses Treffen mit »Torben Müller« beim Italiener in der Dresdner Neustadt her. Er ist jemand, den mancher als »besorgten Bürger« bezeichnen würde.

Steier wusste lange nicht, wer die Anzeige erstattet hatte – und Küllig wollte lange weder seinen Namen öffentlich machen noch mit Steier sprechen. Bis jetzt: Nach monatelangen Verhandlungen stimmten beide einem Streitgespräch zu.

Dies ist die Geschichte zweier Männer, die in derselben Nachbarschaft wohnen und trotzdem kaum weiter voneinander entfernt sein könnten. Steier zündet sich eine Zigarette an und nippt an seiner Cola, Küllig bestellt sich ein großes Bier.

Herr Küllig, würden Sie die Anzeige gegen den Verein von Herrn Steier noch mal so erstatten?
Küllig: An meiner Sicht der Dinge hat sich nichts geändert, im Gegenteil. Die Staatsanwaltschaft hat damals das Verfahren mit der Begründung eingestellt, dass »Mission Lifeline« nicht einmal über ein Schiff verfügte und Italien die Rettungsaktionen auf dem Mittelmeer ordnungsgemäß koordinierte. Inzwischen gibt es aber ein Schiff, und die Italiener sagen: Wir wollen euch hier nicht.
Steier: Na ja, die Italiener sind in internationalen Gewässern gar nicht zuständig. Was aber unverändert besteht, sind die Richtlinien, nach denen gerettet wird: die UNO-Konvention zum Schutz des menschlichen Lebens auf See, kurz SOLAS. Die Staatsanwaltschaft kann gar nicht gegen uns vorgehen.

Sie geben sich sehr gelassen. Setzt die aktuelle Debatte über Seenotretter Sie nicht unter Druck?

Steier: Natürlich hat sich vieles geändert. Wir haben jetzt ein eigenes Schiff, stehen im Fokus politischer Debatten, wir brauchen Helfer und Geld, müssen alles allein koordinieren – als Ehrenamtliche. Ich komme kaum noch dazu, meinen kleinen Laden in der Dresdner Neustadt aufzumachen.

Herr Küllig, Sie haben lange gezögert, ob Sie mit Herrn Steier diskutieren wollen. Was hat Sie umgestimmt?

Küllig zieht ein Büchlein aus einem Papierstapel, den er auf den Tisch gelegt hat: »Die Angst vor den anderen« steht darauf, »ein Essay über Migration und Panikmache« des Soziologen Zygmunt Bauman.

Küllig: Ich will wissen, warum viele so ganz anders über das Thema Migration denken als ich. Deshalb lese ich auch Artikel und Bücher, in denen eine abweichende Meinung steht. Vieles kann ich einfach nicht nachvollziehen, aber ich bin der Letzte, der ein Gespräch ablehnt – zumal das Thema ja gerade heiß diskutiert wird und Sie es sogar in die Tagesschau geschafft haben, Herr Steier.

Steier: Tja. Das liegt vor allem daran, dass Europa nicht imstande ist, kurzfristig einen sicheren Hafen für unser Schiff zu benennen und wir deshalb tagelang auf dem Mittelmeer herumtreiben.

Küllig: Aber es geht doch um viel mehr.

Was meinen Sie?

Küllig zieht aus seinem Stapel ein ausgedrucktes Foto von einem überfüllten Flüchtlingsboot. Unter das Bild hat er einen Spruch notiert, der Konfuzius zugeschrieben wird. Küllig trägt ihn feierlich vor: »Wenn die Worte nicht stimmen, dann ist das Gesagte nicht das Gemeinte. Wenn das, was gesagt wird, nicht stimmt, dann stimmen die Werke nicht. Gedeihen die Werke nicht, so verderben Sitte und Künste.« Küllig zeigt auf das Foto und sagt, er habe alle darauf abgebildeten Frauen eingekringelt. Es sind drei Kringel.

Küllig: Die Bilder von Migranten, die ich kenne, zeigen immer fast nur junge Männer. Und es ist auch falsch, immer nur von Flüchtlingen zu reden. Mir ist es aber wichtig, dass wir uns um präzise Begriffe bemühen: Die Genfer Flüchtlingskonvention legt fest, dass Flüchtlinge sich über Verfolgung anhand bestimmter Merkmale definieren – zum Beispiel Ethnie, Geschlecht, Religion. Streng genommen ist nicht einmal jemand Flüchtling, der nur vor einem Bürgerkrieg flieht. Und schon gar nicht gilt das für Leute, die – nachvollziehbarerweise – Afrika für ein besseres Leben verlassen. Es ist daher falsch, pauschal von Flüchtlingen zu reden. Streng genommen sind das Einwanderer, die auf illegale Weise nach Europa kommen.

Steier: Seh ich anders. Von den Leuten, die wir gerettet haben, erhalten die meisten Asyl oder einen vergleichbaren Status – vor allem in Italien. Hinzu kommt: Wer einmal in Libyen ist, hat gar keine andere Wahl, als dort ins Boot zu steigen.

Sie meinen, weil Migranten in dem Bürgerkriegsland unter anderem Folter, Vergewaltigungen und Exekutionen ausgesetzt sind?

Steier: Ja, dort herrschen unhaltbare Zustände.

Küllig: Das ist schlimm, aber deshalb können wir ja nicht alle Betroffenen nach Europa oder nach Deutschland holen. Ich glaube auch nicht, dass man durch die Bekämpfung der sogenannten Fluchtursachen den Migrationsdruck senken kann. Das Leben in Europa wird immer angenehmer sein als in der Subsahara.

Steier: Na logo: Wenn wir den Kongo ausbeuten oder Waffen in Krisengebiete schicken – warum sollte man dann dort bleiben?

Küllig: Ich habe den Kongo ebenso wenig ausgebeutet wie Sie und viele andere Deutsche, dasselbe gilt für Waffenlieferungen. Dafür tragen Regierungen die Verantwortung.

Steier: Ich habe jedenfalls nicht den Eindruck, dass die Flüchtlinge alle ihre Heimat unbedingt verlassen wollten. Vielen bleibt schlichtweg kaum eine Wahl.

Küllig: Eingeladen wurden sie aber nicht. Und wenn wir weiterhin bei präzisen Begriffen bleiben wollen, sind die Einwanderer, die kommen, obwohl sie nicht eingeladen wurden, gewissermaßen Invasoren. Oder zu Deutsch: Eindringlinge.

Invasoren, ist das Ihr Ernst?

Küllig: Nun ja, da überschreiten sehr viele ungebetene Gäste illegal die europäischen Außengrenzen – und weder die Bundesregierung noch die Europäische Union sind in der Lage oder willens, diese Grenze wirksam zu schützen.

Die Vokabel »Invasoren« kursiert in rechten Internetforen als Synonym für Zuwanderer, auf Pegida-Kund-

gebungen gehört der Begriff zum Standardvokabular, Victor Orbáns rechtsnationale Regierung in Ungarn nutzt ihn ebenfalls, und in Bayern trat 2015 eine CSU-Ortsverbandschefin zurück, die abfällig über Asylsuchende als »Invasoren« gesprochen hatte.

Steier: Wer Angst vor vermeintlichen »Invasoren« hat, sollte sich für die Integration von Flüchtlingen engagieren. Dann wird jeder schnell bemerken: Das sind einzelne Menschen mit individuellen Schicksalen.

Der Begriff »Invasion« weckt militärische Assoziationen – so als kämen da Hunderttausende bewaffnete Menschen.

Küllig: Ja, sie sind unbewaffnet, aber ich glaube: Die Waffe ist ihre Masse!

Steier: So ein Unfug. Und wer redet überhaupt von Massen? Weltweit sind die meisten Flüchtlinge Binnenvertriebene, oder sie gehen in ein Nachbarland. In Libyen sitzen derzeit weniger als 700 000 Menschen aus anderen Ländern fest – selbst wenn die alle nach Europa kämen, für einen Kontinent mit tausendmal so vielen Einwohnern wäre das kein unlösbares Problem.

Das sehen viele anders, zumal ein Ende der Migration nach Libyen derzeit nicht abzusehen ist. Neulich hieß es in einem viel diskutierten Meinungsbeitrag in der »Zeit«, private Seenotretter seien faktisch Komplizen von Schleppern – gewollt oder ungewollt. Verschiebt sich der Diskurs?

Steier: Nö. Ich glaube, das war eine Art letzter Versuch der Rechten innerhalb des liberalen Bürgertums. Die

Provokation ist gelungen, aber es gab danach auch einen kollektiven Aufschrei: die Seebrücke-Demos im ganzen Land, die vielen Spenden für Seenotretter. Viele teilen unsere Auffassung: Das Schleppergeschäft würde auch ohne unsere Rettungsaktionen weitergehen.

Küllig: Genau diese Überheblichkeit ärgert mich. Sie reden, als wären Sie der Einzige, der die Wahrheit kennt. Dabei sollte man Ihre Aktivitäten im Sinne der Verantwortungsethik kritisch hinterfragen. Man kann doch über alles diskutieren.

Aber doch nicht darüber, Menschen zur Abschreckung im Mittelmeer ertrinken zu lassen?

Küllig: Um Himmels willen, natürlich nicht. Diskutieren sollten wir, wohin Gerettete gebracht werden.

Steier: Die Bundesmarine streitet darüber auch nicht – sondern steuert immer europäische Häfen an.

Küllig: Ich finde es skandalös, dass die EU so etwas auch noch unterstützt. Für mich ist Australien ein gutes Beispiel, dort ist die Zahl der Migranten und Ertrunkenen massiv zurückgegangen: Warum bringt die deutsche Marine die Schiffbrüchigen nicht auch dorthin zurück, wo sie herkommen?

Steier: Weil das gegen geltendes Recht verstieße.

Küllig: Das stimmt nach meiner Rechtsauffassung so nicht, und selbst wenn: Gesetze kann man ändern.

Steier: Menschenrechte nicht. Und ich kann mir beim besten Willen nicht vorstellen, dass sich an der fürchterlichen Situation in Libyen in den nächsten Jahren etwas ändern wird.

Küllig: Gut, werden wir grundsätzlich. Wie soll es weitergehen, Herr Steier? Sie bringen die Leute hierhin und lassen sich dafür als Helden feiern.

Steier: Sind wir ja auch.

Küllig: Aber was mit den Menschen danach passiert, ist Ihnen egal. Die erhoffen sich ein großes Leben hier, aber das werden sie nicht kriegen. Die meisten von ihnen werden in den Sozialsystemen landen.

Herr Steier, können all die Geretteten in Europa integriert werden?

Steier: Natürlich, aber Integration ist eine staatliche Aufgabe. Man kann doch nicht eine Gruppe aus Freiwilligen, die Ertrinkende aus dem Mittelmeer zieht, für die Fehler und Versäumnisse europäischer Regierungen verantwortlich machen.

Küllig: Ich habe drei Kinder, Herr Steier. Wenn ich in die Augen meiner vierjährigen Tochter schaue, frage ich mich immer: In was für einem Deutschland wirst du als 20-Jährige leben? Was wird dann hier los sein?

Was sollte denn los sein?

Küllig: Ich halte es für ausgeschlossen, dass man all diese Leute aus der Subsahara hier erfolgreich integrieren kann. Ich fürchte mich vor bürgerkriegsähnlichen Zuständen, da wir nach meiner festen Überzeugung die Probleme aus den Herkunftsregionen der Einwanderer importieren werden. Wenn die Europäische Union keine deutliche Sicherung der Außengrenzen und Begrenzung der Einwanderung organisiert, dann wird es Europa, wie ich es kenne und mir wünsche, nicht mehr geben.

Steier: Ich bin auch Vater, solche Sorgen mache ich mir

nicht: Europa, wie ich es kenne und mir wünsche, hält die Menschenrechte hoch. Es wäre das Ende unserer Kultur und Werte, wenn wir das ändern würden. Und ob jemand integrierbar ist, hängt von demjenigen persönlich ab, vom Staat – und von der Gesellschaft, die ihn aufnimmt. Ihr Horrorszenario, das sich offenbar aus rassistischen Ressentiments speist, ist da nicht gerade zielführend.

Küllig: Ich fänd's toll, wenn ich das so entspannt sehen könnte wie Sie. Aber es ändert sich doch bereits was: Gefühlt gibt es fast jeden Tag neue Meldungen über Messerangriffe von Einwanderern.

Verlässliche Zahlen dazu gibt es allerdings nicht ...
Steier: ... und Deutsche stechen auch ganz gern mal zu! Schauen Sie sich mal die Narbe auf meiner Hand an, das war kein Einwanderer.

Steier fährt mit dem Zeigefinger über eine vielleicht vier Zentimeter lange Narbe unterhalb seines rechten Daumens. Als Grundschüler sei er von einem anderen Kind attackiert worden, sagt er.

Herr Küllig, sind Sie ein ängstlicher Mensch?
Küllig: Mir bedeuten Heimat und Herkunft viel, ich bin kein »Weltbürger«. Ich lege auch keinen großen Wert auf Migration, aber mir ist klar, dass sie in der Regel zu einer Bereicherung der Gesellschaft führen kann: Sie ist das Salz in der Suppe – aber man kann die Suppe auch versalzen. Und mich beschleicht zusehends das Gefühl, dass manche neoliberale Akteure eine Massenmigration regelrecht forcieren und somit das Staatsvolk langfristig verändern.

Das klingt nach der rechten Verschwörungstheorie von einer »Umvolkung«.

Küllig: Der Begriff liegt mir fern. Aber es scheint doch den massiven Willen zu geben, Einwanderung voranzutreiben – auch aus wirtschaftlichen Gründen. Und daran, Herr Steier, beteiligen Sie sich zumindest mittelbar. Ob Sie wollen oder nicht. Die Migrationskrise erscheint im humanistischen Gewand, ist im Kern aber eine neoliberale Schimäre.

Steier: Unfug. Ich persönlich befürworte eine aktive Einwanderungspolitik, aber darum geht es »Mission Lifeline« nicht. Wir retten und schützen Menschen.

Küllig: Sie werden, obwohl Sie das Gegenteil beabsichtigen, die Spaltung der Gesellschaft weiter vorantreiben. Wo liegt für Sie die Grenze der Aufnahmefähigkeit?

Steier: Die Frage müsste lauten, wo die Grenze der Humanität liegt. Und die gibt's nicht.

Küllig: Das ist Ihre operative, von Empathie getragene Betrachtung – die ich Ihnen auch nicht vorwerfen möchte. Aber es gibt eben auch eine strategische Perspektive.

Steier: Man kann es auch als Strategie auffassen, anderen zu helfen. So steht es schon in der Bibel, und das bringt unsere Gesellschaft auch heute noch voran. Herr Küllig, wir haben im Grunde dasselbe Ziel: eine attraktive, lebenswerte Gesellschaft. Ich glaube, dass man sich dafür um seine Mitmenschen kümmern muss – auch um diejenigen, die ausgegrenzt sind.

Küllig: Das stimmt. Aber ich will diese vermeintliche Mitmenschlichkeit nicht oktroyiert bekommen.

Als die letzte Zigarette geraucht und der letzte Schluck Bier getrunken ist, beantworten beide noch eine Frage – ob ihnen das Treffen was gebracht hat. Ja, beteuern Steier und Küllig: Sie seien nun noch gefestigter in ihren eigenen Meinungen. Dann gehen sie getrennte Wege. »Tschüss«, sagt Küllig, und Steier antwortet: »Alles Gute.«

Es ist, einerseits, ein ernüchterndes Ende dieses Gesprächs, das so langwierige Absprachen erfordert hatte. Andererseits war es immerhin eine kritische Auseinandersetzung auf Augenhöhe – und damit das vielleicht wirksamste Mittel gegen Polarisierung: Dialog.

Was, wenn man nicht nur zwei Menschen mit unterschiedlichen Meinungen zum Diskutieren zusammenbrächte? Sondern Dutzende, Hunderte, Tausende – überall in Deutschland?

Es dauert nur ein paar Monate, bis es genau dazu kommt.

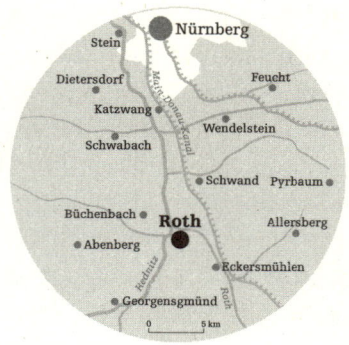

HURRA, WIR REDEN NOCH!

Christian Klee legt eine dicke Kladde auf den Tisch und zieht einen Zettel hervor. »Na gut«, sagt der 72-Jährige mit erwartungsfroher Stimme und schaut auf das Blatt Papier. »Ich habe mir mal die Themen aufgeschrieben, über die wir sprechen können.« Es sind ziemlich viele Themen, die er an diesem Nachmittag in einem mexikanischen Restaurant im fränkischen Roth besprechen will: Donald Trump, Asylpolitik, Fleischkonsum, wirtschaftliche Weltlage.

Klees Gegenüber lächelt schüchtern und sagt erst mal nichts. Horst Schmitzberger, ein gemütlicher Kerl mit Vollbart, hatte offenbar nicht mit einem so gut organisierten Gesprächspartner gerechnet. Dabei ist das ein Glücksfall, der sich in den folgenden zwei Stunden an diesem spätsommerlichen Tag im September 2018 auszahlen wird: Weil Schmitzberger klare Meinungen und Klee einen klaren Plan hat, gelingt den beiden ein konstruktives Gespräch – obwohl sie in vielen Fragen völlig unterschiedlicher Meinung sind.

Das Treffen ist ebenso wenig ein Zufall wie die Tat-

233

sache, dass ein Journalist mit am Tisch sitzt. Die beiden Bayern hatten sich in diesem Spätsommer 2018 für die bundesweite Aktion »Deutschland spricht« registriert, die ein vergleichsweise simples Ziel hat: in möglichst vielen Städten möglichst viele Menschen mit möglichst unterschiedlichen Meinungen zusammenzubringen.

An Meinungsverschiedenheiten mangelt es Schmitzberger und Klee nicht. Schmitzberger, 55, ist SPD-Mitglied und arbeitet als politischer Sekretär für die Gewerkschaft IG Metall. Eine Erhöhung von Steuern auf Fleisch lehnt er ab, ebenso wie die Politik Horst Seehofers und Donald Trumps. »Ich lass mich mal überraschen«, sagt er vor dem Gespräch. Ihn interessiere vor allem, »wie diese laute Minderheit denkt«.

Damit meint er Menschen wie Klee. Der 72-Jährige arbeitete jahrelang im Management eines Industriebetriebs und ist heute Rentner. Er lässt sich politisch nicht so leicht verorten: Der gelernte Physiker sorgt sich wegen des Klimawandels, pocht aber auf strenge Grenzkontrollen. Er sagt: »Ich glaube, dass wir keine gute Zukunft vor uns haben.«

Die beiden klappern nun nach und nach einige Themen ab, Klee will zuerst über Bildung sprechen. Er zeigt sich davon überzeugt, dass es Deutschland früher besser ging – und macht das unter anderem am Zustand der Schulen fest: Ein befreundeter Lehrer habe ihm erst neulich bestätigt, dass der Anspruch an die Schüler in den vergangenen Jahren gesenkt worden sei, Klee redet sich nun regelrecht in Rage.

Schmitzberger: Kommt Ihnen diese Klage denn nicht bekannt vor?

Klee: Nein, das kommt mir nicht bekannt vor.

Schmitzberger: Schon im alten Rom klagten die Denker, die Jugend von heute sei versaut und faul ...

Klee: ... das hab ich doch gar nicht gesagt!

Schmitzberger: Aber wenn wir uns mal anschauen, dass wir mit den jungen Leuten in Deutschland noch immer mit dem Wirtschaftswachstum und vielem anderen an der Weltspitze stehen, kann es so schlecht doch nicht bestellt sein ums Bildungssystem.

Klee: Aber früher war's besser.

Schmitzberger: Ich weiß nicht, ob uns dieser Pessimismus was bringt. Es bleiben noch immer zu viele Talente ungefördert, da geb ich Ihnen recht – aber deswegen ist ja nicht das ganze System mies.

Klee: Ich hab nicht gesagt, dass es mies ist – obwohl ich dieser Meinung bin –, aber es ist schlechter als vor zehn Jahren.

Das Gespräch nimmt nun langsam Fahrt auf. Besonders innig diskutieren die beiden über die Frage, ob Deutschland seine Grenzen strenger kontrollieren sollte. Klee befürwortet das vehement, Schmitzberger lehnt Grenzkontrollen grundsätzlich ab – und verweist vor allem auf den freien Verkehr von Waren und Personen innerhalb des Erfolgsmodells EU.

Schmitzberger: Grenzposten sind Blendwerk, dummes Geschwätz fürs Volk. Wenn jemand über drei Kontinente zu Fuß gegangen ist ...

Klee: ... und dabei rechtswidrig die deutsche Grenze überquert hat ...

Schmitzberger: ... dann wird er sich von einem Grenzer in Freilassing, der da in sein Auto furzt, auch nicht aufhalten lassen – sondern durch den Wald gehen und seinen Weg finden.

Klee: Also, ich gebe Ihnen recht: Es ist für uns alle bequemer, keine Grenzen zu haben. Aber ob man Grenzen kontrollieren sollte, hat nichts damit zu tun, ob das Volk sich besser fühlen soll. Entscheidend sind andere Fragen, zum Beispiel die Sicherheit. Und ohne Staatsgrenzen gibt's kein Staatsvolk.

Klee führt nun detailliert aus, warum seiner Ansicht nach offene Grenzen ein Widerspruch in sich sind – und dass strenge Kontrollen zumindest die Wahrscheinlichkeit erhöhen würden, Gefährder und Terroristen rechtzeitig abzufangen.

Schmitzberger: Da kommen wir nicht zusammen, tut mir leid.

Klee: Macht ja nix. Ich finde halt: Eine Grenze ist eine Sache, die man erst mal akzeptieren muss.

Schmitzberger: Ich finde, man hat mit dem Grenzregime hier in Bayern die nicht realen Ängste der Bevölkerung mit nicht realer Medizin bekämpft – und wundert sich nun, dass uns die ganze Debatte immer weiter Richtung rechts entgleitet.

Klee: Da gebe ich Ihnen recht, das ist nicht gut.

Als Nächstes diskutieren die beiden über Donald Trump, das Gespräch über den US-Präsidenten nimmt einen überraschenden Verlauf: »Trump ist die größte politische Katastrophe, die den USA und der Welt passieren konnte«, sagt Schmitzberger. Klee hatte anfangs angegeben, Trump für ein gutes Staatsoberhaupt zu halten – und rudert nun zurück. Ihm habe anfangs der Slogan »America first« imponiert, sagt er, weil diese Haltung die richtige sei: Auch Angela Merkel müsse sich als Kanzlerin zunächst um das Wohl des deutschen Volkes kümmern – was sie aus seiner Sicht nicht tut.

Klee: Ob Trump nun Amerika auf Dauer guttut … hm. Inzwischen erscheint er mir immer mehr wie ein irgendwie seniler Greis. Ich weiß manchmal nicht, was er mit seinen Entscheidungen will. Ich finde es aber trotzdem positiv, dass er es geschafft hat, die Weltpolitik in Unruhe zu bringen. Jetzt sind die Politiker aus ihrem Dauerschlaf erwacht.

Schmitzberger lässt seinen Gesprächspartner nun einfach reden. Die USA, sagt Klee, seien kein Vorbild mehr, er spricht über Guantanamo und den Irakkrieg, nennt Barack Obama einen »sehr sympathischen und eloquenten Mann«. Die neuen Partner, sagt er, müsse sich Europa im Osten suchen, in Russland und China. Nun widerspricht Schmitzberger deutlich: Er halte die USA noch immer für den wichtigsten Partner.

Das Gespräch geht noch eine ganze Weile weiter, Klee navigiert alle 20 Minuten einen weiteren Themenkomplex an – und immer wieder zeigt sich, dass die beiden Männer klassischen Links-rechts-Mustern kaum entsprechen: Der 72-jährige »America first«-Anhänger erzählt, Vegetarier zu sein und jahrelang die SPD gewählt zu haben. Und Schmitzberger, Gewerkschafter und Sozialdemokrat, lässt sich frustriert über SPD-Chefin Andrea Nahles aus: Er hoffe, ihre Zeit an der Spitze der Partei sei so schnell wie möglich vorbei. Sie verfüge über eine »unglaubliche Inkompetenz«.

Und dann, ganz zum Schluss, finden Klee und Schmitzberger in einer Frage sogar uneingeschränkt einen gemeinsamen Nenner: Beide sehnen das Ende der Ära von Bundeskanzlerin Angela Merkel herbei.

Hat es sich also gelohnt, das Streitgespräch mit einem fremden Menschen an einem Sonntagnachmittag? »Ich hätte nicht gedacht, dass es so harmonisch verläuft«, sagt Schmitzberger. Und Klee erwidert lächelnd: »Mir hat es trotz all der Differenzen richtig Spaß gemacht.«

Schmitzberger und Klee sind keine einflussreichen Entscheider, die Politiker überzeugen oder Wahlen gewinnen müssen – trotzdem kann man von den beiden einiges lernen: dass Konflikte auch trotz großer Meinungsverschiedenheiten gesittet ausgetragen werden können. Warum das so selten funktioniert? Vermutlich auch deshalb, weil es manchen politischen Gruppen nicht um das bessere Argument geht. Sondern ausschließlich um die Verbreitung der eigenen Meinung, mit allen Mitteln.

Wie weit manch einer dabei geht, zeigt sich wenig später in Erfurt: Dort halten einige Menschen auch Schweineköpfe und Scheinhinrichtungen für legitime Mittel im Kampf um die Deutungshoheit.

GRABEN- KÄMPFE IM GEWERBEGEBIET

Bodo Ramelow geht langsam in die Knie, als das Geschrei wieder beginnt. »Ihr solltet euch schämen«, dröhnt es aus den Lautsprechern von der anderen Straßenseite, »ihr Nichtwisser und Trottel da drüben!« Der Linken-Politiker reagiert nicht, bedächtig legt er einen roten Ziegel auf ein aufgemaltes Rechteck.

Dieser 13. November 2018 ist ein auffällig sonniger Herbsttag in einem auffällig trostlosen Gewerbegebiet im Erfurter Norden. Im Vorort Marbach legt der thüringische Ministerpräsident den Grundstein für eine Moschee – für eine ganz besondere: Zum ersten Mal wird in einem der neuen Bundesländer ein muslimisches Gotteshaus neu gebaut.

Der Widerstand ist gewaltig. Das Verwaltungsgericht in Weimar hatte entschieden, dass die Gegner des Bauvorhabens an diesem Tag direkt vor dem Grundstück demonstrieren dürfen – mit Lautsprecherwagen, mit Transparenten, mit großer Aufmerksamkeit.

Es geht um sehr viel, für alle Beteiligten. Die einen, die Muslime der Ahmadiyya-Gemeinde, wollen nach jahrelanger Planung endlich die Wirren und Widerstände hinter sich lassen. Die anderen, darunter Gruppen namens »Erfurt zeigt Gesicht« und »Pax Europa«, wollen ihren Widerstand nach jahrelangem Protest unbedingt fortsetzen.

Wenn der Plan der einen aufgeht, wird binnen einem Jahr Thüringens erster Moschee-Neubau entstehen – mit Gebetsräumen, einer Wohnung für den Imam, einer beleuchteten Glaskuppel und einem acht Meter hohen Minarett. Wenn der Plan der anderen aufgeht, bleiben diese Pläne noch möglichst lange nur Pläne.

Während die Islamfeinde, bewacht von einem Dutzend Polizisten, sich in rohen Pöbeleien und kühnen Thesen ergehen, begehen die Muslime diesen für sie besonderen Tag mit einer eher unauffälligen, ruhigen Feier. Man könnte meinen: Die einen nehmen ihr Recht auf Meinungsfreiheit wahr, die anderen ihr Recht auf Religionsfreiheit.

Wenn es doch bloß so einfach wäre. Der erste Neubau einer Moschee in einem der neuen Bundesländer gilt den Moscheegegnern als Fanal einer vermeintlichen Invasion des Islam. Glaubt man ihnen, ist im Marbacher Gewerbegebiet das Abendland in Gefahr.

Unklar ist indes, wie Erfurt ausgerechnet von diesem kargen Flecken Erde aus islamisiert werden soll. Schon normale Gemeindearbeit stößt hier an Grenzen: Der Bauplatz liegt in einem Gewerbegebiet im nordwestlich gelegenen Niemandsland der Landeshauptstadt, auf halber Strecke zwischen dem Universitätscampus und dem abgelegenen Marbach.

Würde hier bald ein Muezzin seinen Gläubigen zurufen, sein Ruf reichte wohl nur bis zur nahe gelegenen

Autowerkstatt oder dem Gefahrenschutzzentrum auf der anderen Straßenseite. Es dürften also die wenigsten Bürger überhaupt etwas vom Gemeindeleben mitbekommen. Abgesehen davon wird hier gar kein Muezzin rufen: Das Minarett dient lediglich der Zierde, ist bloßes Symbol.

Die Angst der Islamgegner aber ist echt. In der Vergangenheit fiel der Protest entsprechend geschmacklos aus: Mal stellten einige von ihnen große Holzkreuze neben dem Baugrundstück auf, mal einen aufgespießten Schweinekopf mitsamt Blut und Pfoten. Einmal zogen verschleierte Demonstranten durch den Stadtteil, ein andermal inszenierte ein Rechtsextremist in der Innenstadt eine Scheinhinrichtung im Stile islamistischer Terroristen.

Wohl auch, um von solchen Szenen halbwegs verschont zu bleiben, findet die eigentliche Feierstunde in einem Festzelt statt, außer Sichtweite der Demonstranten. Der Oberbürgermeister ist gekommen, Vertreter aller Landtagsfraktionen außer der AfD, Abgesandte der großen christlichen Kirchen und der jüdischen Gemeinde. Allein die Vielzahl prominenter Besucher ist ein Signal an die Demonstranten auf der anderen Straßenseite.

Als einer der Ersten tritt Ramelow ans Mikrofon. »Ich habe nichts gegen freie Meinungsäußerung«, sagt er, »aber ich lege Wert darauf, dass das Grundgesetz für uns alle gilt.« Es gehe nicht um den Islam. Sondern um Religionsfreiheit.

Ramelow vermeidet es, politische Akteure direkt zu erwähnen – aber er dürfte bei vielem, was er sagt, an die AfD unter dem ultrarechten Landeschef Björn Höcke denken.

Die Partei mischte sich in das Thema immer wieder ein und machte Stimmung gegen den Islam. Es gab turbulente Bürgerversammlungen und Stadtratssitzungen, trotzdem wurde im Januar die Genehmigung erteilt für den 650 000 Euro teuren Bau – finanziert aus Spenden.

Diese Erfolgsgeschichte hebt auch Abdullah Uwe Wagishauser hervor, der Bundesvorsitzende der Ahmadiyya-Gemeinde. Die muslimische Gruppe sieht sich als liberale Reformbewegung innerhalb des Islam, das hat wohl mit ihrer Geschichte zu tun: In etlichen muslimischen Ländern werden die Gläubigen dieser Strömung verfolgt, viele Anhänger flohen in alle Welt – auch nach Europa. In Deutschland hat die Ahmadiyya-Muslim-Jamaat-Gemeinschaft, kurz AMJ, nach eigenen Angaben etwa fünfundvierzigtausend Mitglieder, in Thüringen sind es einige Dutzend.

Zahlenmäßig sind die Ahmadiyyas damit weniger bedeutend, eine herausgehobene Position haben sie trotzdem: Als erste muslimische Gemeinde verfügen sie über den Status einer Körperschaft öffentlichen Rechts, seit 2013 in Hessen, inzwischen auch in Hamburg. Die Ahmadiyyas sind den christlichen Kirchen damit rechtlich gleichgestellt, dürfen an Grundschulen Islamunterricht erteilen und von ihren Mitgliedern Steuern erheben. So gesehen ist die AMJ längst integriert im Staat, allen Ressentiments zum Trotz.

Der AMJ-Bundesvorsitzende tritt ans Mikro. Wagishauser, Typ pensionierter Englischlehrer, wird in seiner Rede politisch. Er sei stolz auf das Erreichte, sagt er, »mag es den Demagogen und Hetzern gefallen oder nicht«. Moschee-Neubauten seien »keine Landnahme-

Projekte, wie Herr Höcke immer wieder behauptet«. Wagishausers Stimme bebt jetzt regelrecht, als würde all der Stress der vergangenen Jahre mitschwingen. Es gehe einfach darum, sagt er, einen würdigen Ort zum Beten zu errichten.

Wagishauser empört sich über »selbst ernannte Islamexperten«, einen vermeintlichen »Kampf der Kulturen« und eine »Hassspirale, die sich pauschal gegen alle Andersdenkenden richtet«. Noch während er spricht, wird die Gegenseite draußen lauter. Immer häufiger sind nun ganze Sätze der Islamgegner im Festzelt zu verstehen. Solche Sätze: »Freunde, wir sind die Gesunden!« Ein kryptischer Satz, hinter dem offenbar die Idee vom »gesunden Volksempfinden« im Kampf gegen Lüge und Islamisierung steht.

Daraufhin dreht noch eine weitere Gruppe die Lautstärkeregler auf: linke Demonstranten, die mit »Lieber ohne Hass«-Schildern eine Art menschlichen Schutzschild vor dem Moscheegelände gebildet haben. Ihr Motto: »Liebe fetzt – Religionsfreiheit ist Gesetz«. Die Gruppe hat eine Musikanlage mitgebracht und dämmt nun mit lauten Bässen die akustische Reichweite der Gegenseite ein.

In der Gruppe steht auch die Studentin Anna-Lena Metz. »Wir spielen laute Musik ab, um diese Hetzreden zu übertönen«, sagt die 29-Jährige, »damit die Feier drinnen einigermaßen ungestört ablaufen kann.« Es sei schon heftig, wie viele Menschen gekommen seien, um gegen die Moschee zu demonstrieren, das könnten ja nicht alles besorgte Nachbarn sein. Dann erzählt sie von ein paar Rechtschreibfehlern auf den Schildern der Demonstranten, »Moshee« statt »Moschee« zum Beispiel. »Also Dummheit«, sagt sie, »könnte schon eine Rolle spielen.«

Ein ertragreicher Dialog ist das nicht. Wie sollen die Gläubigen im Erfurter Norden und ihre neuen Nachbarn künftig zusammenleben, wie groß ist die Gefahr weiterer Konflikte oder einer Eskalation der Lage? Wagishauser gibt sich zuversichtlich: Überall, wo in der Vergangenheit Ahmadiyya-Moscheen entstanden seien, habe es nach einiger Zeit ein friedliches Zusammenleben gegeben. Er sagt das voller Überzeugung, so als sei diese vage Hoffnung die wahrscheinlichste Variante der Zukunft.

Und wenn die Hoffnung trügt? Die Ressentiments einiger Erfurter gegen die Moschee werden höchstwahrscheinlich bleiben und damit die Frage, mit welchen Formen des Protests die Gläubigen dort künftig rechnen sollten. Noch mehr Demonstrationen? Weitere Schweineköpfe? Vielleicht sogar Gewalt?

Es wäre nicht das erste Mal, dass wütende Proteste in handfeste Übergriffe münden.

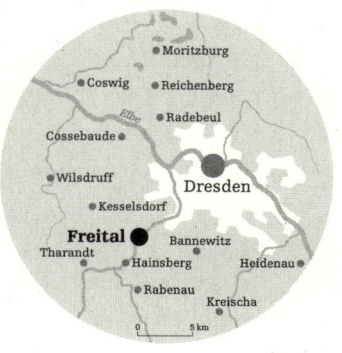

Moritzburg
Coswig · Reichenberg
Elbe · Radebeul
Cossebaude ·
Wilsdruff · Dresden
Kesselsdorf
Freital · Bannewitz
Tharandt · Hainsberg · Heidenau
Rabenau
Kreischa
0   5 km

DIE SCHWEIGENDE STADT

Stefan Vogl lässt die Schultern hängen. Er hockt da in seinem grünen Parka im Bierzelt, völlig apathisch, bis er plötzlich mit der flachen Hand auf den Tisch haut. »Ich war schon von Anfang an fehl am Platz hier«, ruft er. Es ist einer dieser Sätze, die andere Gäste als Provokation empfinden: Wenig später liegt der 57-Jährige gekrümmt am Boden – verprügelt von einem aufgebrachten Mob.

Zum Glück ist das alles nur gespielt. An diesem Abend Anfang März 2019 im Dresdner Schauspielhaus mimt Vogl einen jungen Mann namens Till aus Freital. In dem dokumentarischen Stück »Früher war alles« geht es um Mauerfall und Massenarbeitslosigkeit, Abenteurer und Abgehängte treten auf, es fallen Sätze wie »Wir sind das Volk« und »Es war nicht alles so schlecht«.

Es ist ein Stück über jene Stadt, in der Vogl seit ein-unddreißig Jahren als Lehrer arbeitet – und die außerhalb Sachsens vor allem für eines bekannt ist: Rassismus. Bald vier Jahre liegen die Proteste vor dem Flüchtlingsheim zurück, die Mitglieder der »Gruppe Freital« sitzen schon seit mehreren Jahren im Gefängnis.

Das Theaterstück ist ein Versuch, Vergangenheit und Gegenwart zu sortieren, es geht um den offenen Hass von einst und die noch immer gärende Wut. Über allem schwebt eine große Frage, die sich freilich nicht nur in Freital stellt: Wie geht die Gesellschaft mit Rassismus um, mit Rechtsextremismus?

Es ist schwierig, in Freital Antworten zu erhalten. Versuch einer nicht repräsentativen Straßenumfrage: »Nee, keen Bock«, sagt eine Frau in weinroter Steppjacke. »Es hat sich beruhigt«, sagt ein Gastwirt, mehr nicht. Eine Frau mit Hund will gar nichts sagen, ein grauhaariger Mann schüttelt nur den Kopf. Andere beteuern, keine Meinung zu haben oder gar nicht in Freital zu leben.

Vielleicht lassen sich diese Reaktionen auch damit erklären, dass viele Freitaler noch immer nicht gut auf Journalisten zu sprechen sind. Mit der intensiven Berichterstattung über die »Gruppe Freital« sei es übertrieben worden, hieß es in den vergangenen Jahren oft, von einer »Rassismus-Keule« war die Rede und von den völlig überzogen dargestellten Taten einiger »Lausbuben«.

So ähnlich sieht es eine Seniorin, die mit ihrem Ehemann und einem Rollator durch die Stadt spaziert. »In der Jugend«, sagt sie über die Freitaler Terroristen, »hat so manch einer schon einen Blödsinn gemacht. Danach bereut man's, und gut is.« Ihr Mann steht nickend daneben, ihren Namen wollen die Eheleute nicht nennen.

Man würde gern erfahren, was der Oberbürgermeister dazu sagt. Vor drei Jahren, kurz nach den Razzien gegen die »Gruppe Freital«, hatte Uwe Rumberg Interviews zum Thema Rechtsextremismus abgelehnt. Er bleibt bei dieser Linie: Eine Bitte um ein Gespräch lehnt in seinem

Namen der städtische Pressesprecher Matthias Weigel ab – »aufgrund der undifferenzierten Berichterstattung in der Vergangenheit«.

Ein Interview zur Frage, »ob und inwiefern die Berichterstattung über Freital in der Vergangenheit undifferenziert war«, möchte Rumberg ebenfalls nicht geben. Eine dritte Anfrage zum Schweigen des Oberbürgermeisters und örtlichen CDU-Vorsitzenden bleibt unbeantwortet.

Nichts zu sagen sendet auch eine Botschaft. In diesem Fall liegt nahe, dass sie lautet: Das Problem sind weniger rechte Umtriebe als die Berichte und Debatten darüber. Das wäre eine bemerkenswerte Botschaft in einer Stadt, in der sich eine rechte Partei beträchtlicher Beliebtheit erfreut: Die AfD erhielt 2017 bei der Bundestagswahl rund 35 Prozent der Stimmen im Ort, deutlich mehr als Rumbergs CDU.

Auch der Versuch, AfD-Ortschef Norbert Mayer zum Gespräch zu bewegen, scheitert. Schriftliche Anfragen bleiben unbeantwortet, telefonisch ist er nicht zu erreichen, beim Besuch des AfD-Bürgerbüros im Stadtteil Deuben ist niemand da.

Wie kann eine Stadt mit ihrer jüngsten Vergangenheit umgehen, wenn kaum jemand darüber sprechen mag?

Zum Gespräch bereit sind mal wieder Steffi Brachtel und Ines Kummer, sie sitzen in einem Café im Dresdner Hauptbahnhof – und blicken zurück. Vor exakt zwei Jahren begann der Prozess gegen die »Gruppe Freital«, vor genau einem Jahr wurden die Terroristen verurteilt. Und heute?

»Emotional ist das längst nicht abgeschlossen«, sagt Grünen-Stadträtin Kummer, »das hat unser Leben wirklich massiv geändert.« Brachtel nickt – und dann zählen sie noch einmal auf, was seit Sommer 2015 geschah: die Beleidigungen und Drohungen, der Sprengsatz in Brachtels Briefkasten, die Hitlergrüße aus vorbeifahrenden Autos. Noch heute sei ihr mulmig, sagt Brachtel, wenn sie abends allein durch die Stadt gehe.

»Hier wird weiter geschwiegen«, sagt sie, so steige die Gefahr, dass es wieder zu rassistischer Gewalt komme. Kummer sieht das ähnlich: Die Stadtverwaltung habe die Chance verstreichen lassen, das Geschehene wirklich aufzuarbeiten.

Dabei hat sich die Lage deutlich geändert. Die Angst vor Zuwanderern ist offenbar geblieben, die meisten Zuwanderer hingegen nicht: Das Flüchtlingsheim im ehemaligen Hotel Leonardo jedenfalls, vor dem sich 2015 hässliche Szenen abspielten, steht heute leer. An der Eingangstür erinnert nur noch eine Liste mit sämtlichen Hausverboten an die Konflikte – der letzte Eintrag ist auf den 16. Februar 2016 datiert.

In der ganzen Stadt leben nur noch einhundertzwanzig Geflüchtete, dezentral verteilt und gut versorgt – sagt jedenfalls Stefan Vogl, der Till-Darsteller aus dem Theaterstück über Freital. Der Gymnasiallehrer sitzt am Tag nach der ersten Aufführung in einem Backshop am Dresdner Albertplatz und frühstückt ein Stück Schokokuchen. »Im Grunde läuft alles«, sagt der 57-Jährige: Die meisten Geflüchteten hätten einen Job, »und inzwischen kann man sich mit allen auf Deutsch unterhalten«.

Rechten Gruppen ist das egal. Sie verbreiten weiter ihre Ideen, während viele Freitaler schweigen. Die »Bürgerinitiative Freital« etwa, die in der AfD ihren verlängerten Arm sieht, tönt auf ihrer Facebook-Seite, dass »unsere Stadt fast migrantenfrei ist«. Als der Stadtrat Michael Richter, selbst Opfer der »Gruppe Freital«, wegen der Anfeindungen nach Bayern zog, hieß es: »Hau ab und tschüss!« Bei den anstehenden Wahlen gehe es darum, heißt es in einem anderen Post, dass »diese Sozis, ›Die Grünen‹ und ›Die Linke‹ endgültig unsere Stadt verlassen sollen«. Mit solchen Parolen hat es die »Bürgerinitiative« auf rund siebentausenddreihundert Facebook-Abonnenten gebracht.

Kummer ärgert das – auch, weil sie gern mehr über die Fortschritte der vergangenen Jahre sprechen würde: das neu gegründete »Soziokulturelle Zentrum«, die Bewerbung der Stadt um den »Tag der Sachsen«, das boomende Technologiezentrum, die gute Versorgung mit Kita-Plätzen. Aber Kummer vermisst eine aktive Zivilgesellschaft.

Brachtel will das nicht mehr hinnehmen. Nachdem ihr Sohn Nico, der inzwischen in Dresden lebt, der Linken beigetreten war, wurde sie ebenfalls Mitglied der Partei. Sie würde sich gern im Stadtrat unter anderem für mehr Bildungs- und Jugendarbeit einsetzen. »Ich hoffe einfach«, sagt sie, »dass es irgendwann ganz normal ist, sich zu Wort zu melden und zu engagieren.«

Leute wie Brachtel und Stefan Vogl hoffen, dass sich so das politische Klima in der Stadt ändert. Auf der Bühne in Dresden sagte Vogl am Vorabend einen Satz, den er nun im Backshop wiederholt: »Ihr könnt doch nicht Feuer mit Feuer bekämpfen.« Das sei auch schon 2015 seine Meinung gewesen, als er mit Asylbewerbern Volleyball spielte, statt an der Seite von Antifaschisten auf Rassisten einzubrüllen.

Damals, sagt Vogl, sei Freital ein Abenteuerspielplatz für Rechtsextreme und deren »rassistische Schweinereien« gewesen. Eines der großen Probleme aber sei, dass seitdem niemand wirklich versucht habe, die Eskalation zu stoppen. »Alle arbeiteten sich aneinander ab, man fand die anderen scheiße, fühlte sich selbst gut dabei – und machte es so nur noch schlimmer«, sagt er. »Aber hier leben nun mal nicht nur Nazis und Helden.«

Vogl ist davon überzeugt, dass sich wegen der Polarisierung im Sommer 2015 in Freital eine schweigende Mehrheit bildete: Während einige immer nur noch lauter geworden seien, hätten sich viele andere in die innere Emigration zurückgezogen. Er sagt: »Wenn's konkret wird, gucken die Leute lieber ›Wer wird Millionär‹, statt einen Verein zu gründen.«

Vogl hat die Hoffnung trotzdem nicht aufgegeben. Was ihn in Freital noch halte? »Ich mag diese Stadt«, sagt er. »Sie lässt einen nicht kalt.«

Da ist was dran.

ANALYSE

VOM ENDE DER GELASSENHEIT

Ich habe den 23. Mai 1993 als warmen Frühsommertag in
Erinnerung. Im zentral gelegenen Park meiner Heimatstadt, einem schmucklosen Örtchen in der niederrhei-
nischen Provinz, fand an diesem Tag ein Fest statt: Überall standen Pavillons und Bühnen, wir Kinder rannten
kreischend umher und spielten auf einer großen Rutsche.

Es war meine erste Begegnung mit dem Leid in der
Welt, mit Krieg und Flucht und Rassismus.

Gegen all das richtete sich dieses Fest, das mein Vater
und ein Bekannter organisiert hatten, und zwar aus sehr
aktuellen Gründen: Wie überall im Land waren auch bei
uns im Ort Kriegsflüchtlinge aus Jugoslawien angekom-
men, und wie überall im Land waren sie auch bei uns
im Ort einigen Vorurteilen ausgesetzt. Dieser Sonntag im
Park sollte das ändern, zumindest ein bisschen.

An jenen Tag im Mai 1993 habe ich auf meinen Reisen
durch die zerstrittene Republik häufiger zurückgedacht,
ganz besonders während meiner Recherchen in Solingen: Dort hatten, nur fünf Tage nach dem fröhlichen Fest
bei uns im Park, einige Rassisten fünf Mädchen und jun-

ge Frauen ermordet, keine neunzig Kilometer von meiner Heimatstadt entfernt. Wiederholte sich diese Gewalt fünfundzwanzig Jahre später, als erneut Unterkünfte von Zuwanderern in Flammen aufgingen – so wie damals in Rostock-Lichtenhagen, Mölln oder Solingen?

Es gibt ein paar solcher Parallelen zwischen den frühen Neunzigern und der Gegenwart: Auch damals zog sich über viele Monate eine zum Teil polemisch geführte Debatte über »Asylmissbrauch«. Auch damals einigte sich ein Bündnis aus Union und SPD auf Maßnahmen für eine Minimierung des Zuzugs von Migranten. Und auch damals gelangen rechten Parteien überraschende Wahlerfolge: So erhielten die Republikaner 1992 bei der Landtagswahl in Baden-Württemberg fast elf Prozent der Stimmen, in Schleswig-Holstein entfielen 6,3 Prozent auf die DVU, die bereits im Jahr zuvor bei der Bürgerschaftswahl in Bremen auf mehr als sechs Prozent der Stimmen gekommen war.

Man kann aus dieser Zeit sicherlich einiges lernen, der Vergleich zwischen den Jahren nach dem Mauerfall und den Jahren nach 2015 stößt allerdings auch an Grenzen: Es gab damals keine besonders einflussreichen Populisten, die mit Halb- und Unwahrheiten nachhaltig den Diskurs vergifteten. Zudem gelang es den tonangebenden Rechtsparteien nicht, dauerhaft in Parlamenten vertreten zu sein oder gar in den Bundestag einzuziehen. Vor allem aber entwickelten sich Gehässigkeit und Misstrauen gegenüber Politikern, Wissenschaftlern, Journalisten oder Religionsvertretern nicht zu gesellschaftlichen Leitmotiven – das ist heute so, eine der deprimierendsten Erkenntnisse meiner Reisen.

Trotzdem deutet vieles darauf hin, dass die aktuelle Polarisierung einen Ursprung in den Kinderjahren der wiedervereinigten Republik hat, vor allem im Ostdeutschland der frühen Neunziger. »Blühende Landschaften« und einen »Aufbau Ost« hatte die Bundesregierung den Bürgern der neuen Länder versprochen, doch die Wirklichkeit fiel in den Augen vieler Menschen anders aus: Die Treuhandanstalt legte etliche Betriebe still, Arbeitsplätze fielen massenhaft weg, und Hunderttausende zogen in den Westen, während rechtsradikale Akteure zwischen Görlitz und Wismar schlagkräftige Neonazi-Strukturen aufbauten.

Diese Erfahrung eines wirtschaftlichen und sozialen Niedergangs legitimiert selbstverständlich keine rassistische Gewalt oder rechtsextreme Aufmärsche. Es wäre auch falsch, eine spezifisch ostdeutsche Opferrolle mit solchen Argumenten zu zementieren, statt auf die Gestaltungsmöglichkeiten in einer freiheitlichen Demokratie hinzuweisen. Das nämlich ist das Narrativ von Populisten: der Ostdeutsche als ewiges Opfer – erst des SED-Regimes, dann der westdeutschen Eliten und Konzerne, schließlich der »Lügenpresse« und der »Islamisierung«.

Es wäre ohnehin gefährlich, sich bei der Analyse der Gegenwart ausschließlich auf einen vermeintlich homogenen »Osten« zu fokussieren, schließlich gab und gibt es Wahlerfolge rechter Parteien sowie rassistische Übergriffe auch zwischen Nord- und Bodensee.

Verstehen kann die ostdeutsche Wut der Gegenwart aber eben auch nur, wer berücksichtigt, dass Millionen DDR-Bürger in einem Unrechts- und Obrigkeitsstaat sozialisiert wurden – und sich nach 1990 in einem Labor neoliberalen Gesellschaftsumbaus wiederfanden. Millionen Bürger, denen eine enorme Anpassungsleistung ebenso abverlangt wie eine gewaltige Geringschätzung entgegengebracht wurde. Viele dieser Menschen haben auch drei Jahrzehnte später nicht das Gefühl, gleichwertig zu sein. Dafür gibt es durchaus Gründe: In den neuen Bundesländern sind das Lohnniveau und das Pro-Kopf-Vermögen auch heute noch niedriger, während die Arbeitslosenquote höher ist als im Westen. Hinzu kommt: Politik, Justiz und Wirtschaft werden in einem absurden Ausmaß von Menschen geprägt, die in der alten Bundesrepublik aufwuchsen. So gibt es laut einer Auswertung des »Redaktionsnetzwerks Deutschland« von Anfang 2019 kein einziges Oberlandes-, Finanz-, Landesarbeits-, Oberverwaltungs- oder Landessozialgericht im Osten, dessen Präsidentin oder Präsident aus Ostdeutschland stammt.

Ist die Wut vieler Ostdeutscher, die sich in Pegida-Kundgebungen und AfD-Wahlerfolgen manifestiert hat, eine Langzeitfolge dieser Ungleichheiten, dieser Gleichzeitigkeit von Auf- und Abbruch? Davon geht augenscheinlich Angela Merkel aus, die selbst in der Uckermark aufwuchs. »Ich finde es nicht so verwunderlich, dass es in Ostdeutschland Frustrationen gibt«, sagte die Bundeskanzlerin im Januar 2019 in einem Interview mit der ZEIT. Sie jedenfalls tue sich schwer mit der Aussage, das Land sei so gespalten wie nie zuvor: »Das Land war vielleicht nie so versöhnt, wie man dachte.«

Das klingt nach einer erstaunlichen Gelassenheit – die vielen Deutschen allerdings abhandengekommen ist. Dafür gibt es freilich etliche Gründe, die nicht nur zwischen Ostsee und Erzgebirge zu suchen sind. Ein zentrales Problem ist, und zwar bundesweit: Gelassenheit kann sich nur leisten, wer über Gewissheit verfügt. Und Gewissheiten sind im 21. Jahrhundert zur Mangelware geworden, jedenfalls die besonders lang gehegten.

Im Kalten Krieg gehörte zu diesen Gewissheiten vor allem ein Freund-Feind-Schema, das den Deutschen die ideologische Orientierung ungemein erleichterte: im Osten der Sozialismus und die Planwirtschaft, im Westen das Christentum und der Kapitalismus.

Von dieser Ordnung ist wenig übrig geblieben. Das »Ende der Geschichte« jedenfalls, das der Politologe Francis Fukuyama nach dem Ende des Kalten Krieges vorschnell ausgerufen hatte, blieb aus: Die Weltgemeinschaft wandelte sich nicht zu einem liberal-demokratischen Paradies. Stattdessen gibt es heute ein Überangebot widerstreitender politischer und religiöser Überzeugungen, von denen viele über das Internet Verbreitung finden – weltweit, sekundenschnell, ungefiltert. In diesem Wirrwarr erscheinen einfache Antworten, die ein Zurück in den Kosmos scheinbarer Übersichtlichkeit vorgaukeln, als attraktive Alternativen: Populismus und Nationalismus als Weltbildvereinfacher, hoch dosiert.

Dieser Drogencocktail erzielt eine so beachtliche Wirkung, weil er auf einen äußerst sensiblen Rezeptor des menschlichen Wesens abzielt: die Identität. Freiheit, Wohlstand und selbst Würde kann jede und jeder Deutsche verlieren; aber eines ist selbst in der fundamentalsten Krise gewiss: das Deutschsein. Wenn nun Politiker beteuern, sich nur für Einheimische einzusetzen, dann klingt das für viele Deutsche entsprechend verlockend – zumal dieses Versprechen komplexe Fragen rund um Verteilungsgerechtigkeit, Ausbeutung und Globalisierung auf eine schlichte Formel reduziert: *wir* statt *die*.

Die Formel wirkt, und zwar weltweit: Ob in Brasilien, Italien, den USA oder Polen – Rechtspopulisten (und solche, für die dieser Begriff schon beschönigend ist) gewinnen allenthalben an Einfluss, was zumindest belegt, dass sich die Antworten auf den bundesrepublikanischen Rechtsruck keineswegs nur in Ostdeutschland finden lassen. Es gibt ein grundsätzliches Problem: eines, das vermutlich viel mit ökonomischen Krisen im Kapitalismus und den gebrochenen Versprechungen von Politikern und Wirtschaftsexperten zu tun hat.

Aus der damit zusammenhängenden Polarisierung folgt nicht, dass die Gesellschaft sich einfach in Linke und Rechte, Hetzer und Prediger, Gute und Böse einteilen ließe. Das hat etwa der Besuch im Reihenhaus von Manfred Schreiber deutlich gemacht: Der altlinke Pensionär aus dem Breisgau, der mit manchen AfD-Positionen sympathisiert, lässt sich politisch kaum eindeutig verorten. Ähnliches gilt für Christian Klee und Horst Schmitzberger, die sich zum Streiten im fränkischen Roth trafen: Da saßen zwei Männer, die in so ziemlich jeder politischen Frage unterschiedlicher Ansicht waren – und dann war es ausgerechnet Klee, Anhänger von Donald Trumps »America first«-Slogan und Befürworter strenger Grenzkontrollen, der im Namen des Tierschutzes für einen deutlich reduzierten Fleischkonsum warb.

Wie unübersichtlich die Gemengelage geworden ist, zeigt sich etwa auch anhand von Kundgebungen vor Flüchtlingsheimen wie in Freital oder vor Moschee-Grundstücken wie in Erfurt. Organisiert werden solche

Demonstrationen oft von extrem rechten Akteuren, auf die Straße gehen dann aber auch viele Menschen aus dem bürgerlich-konservativen Lager, »besorgte Bürger« eben. So gelingt es radikalen Strippenziehern, die Trennlinie zwischen rechtskonservativen Einstellungen und extremistischen Ideen weiter zu verwischen.

Das mag etwa in Thüringen und Sachsen auch deshalb so gut funktionieren, weil in den Wendejahren große Teile der früheren DDR-Gesellschaft zwei prägende Erfahrungen machten. Vor dem Mauerfall überwanden die Menschen ein repressives System mit unnachgiebigem Einsatz. Nach dem Mauerfall sahen sie, dass sich mit Protest und Gewalt noch immer etwas erreichen lässt: Im »Asylkompromiss« von 1993 entsprach die Politik dem Wunsch nach einer restriktiven Begrenzung von Zuwanderung – nachdem es immer wieder zu Übergriffen auf Zuwanderer gekommen war.

Ähnlich verlief es in den Jahren nach 2015: Den Anfeindungen, Gewalttaten und Demonstrationen gegen Migranten folgten recht bald politische Maßnahmen, um den Zuzug weiterer Migranten zu reduzieren – die Bundesregierung schränkte etwa den sogenannten Familiennachzug für subsidiär Geschützte ein und legte eine Obergrenze von zweihundertzwanzigtausend neuen Asylsuchenden pro Jahr fest. Es ist naheliegend, daraus einen gefährlichen Schluss zu ziehen: Wenn der Protest nur heftig genug ausfällt, knickt der Staat schon irgendwann ein – ganz unabhängig davon, ob die öffentliche Empörung berechtigt ist, eine tatsächliche Mehrheitsmeinung repräsentiert oder überhaupt Ausdruck eines Problems ist, das so gewaltig ist wie die Reaktion darauf.

Dieser Logik zufolge treibt der Staat womöglich selbst jene Polarisierung voran, die längst ein alarmierendes Ausmaß erreicht hat: Es gibt einen Riss, breit und tief, der sich quer durch die Gesellschaft zieht. Vor allem in der Debatte über Migration, Asyl und Integration haben sich zwei große Lager herausgebildet, die sich unversöhnlich gegenüberzustehen scheinen – obwohl jedes dieser Lager in sich äußerst heterogen ist. Auf der einen Seite die konservativen Zweifler und Kritiker bis weit ins politisch rechte Spektrum, auf der anderen Seite das liberale Bürgertum und eine linke Klientel.

Diese Kluft zwischen beiden Gruppen, das haben die Reisen durch die Republik gezeigt, ist keineswegs willkürlich entstanden. Hätte es nicht vorher schon brüchige Stellen und kleine Risse gegeben, andere Konfliktthemen also, wäre dieser Graben angesichts der Asylkrise wohl kaum auf derart bedrohliche Ausmaße angewachsen. Migration war der Auslöser der gesellschaftlichen Spaltung, nicht aber ihre Ursache.

Die Ursache findet sich in einem ganzen Bündel an Konfliktthemen: Demografie, soziale Teilhabe, Gleichstellung von Frauen und Männern, Erderwärmung, Religion, Landflucht, Mobilität, Minderheitendiskriminierung. Ein weiteres Thema sticht besonders hervor, es spielte bei etlichen Recherchen eine Rolle: Heimat. Der Beamte Torsten Küllig aus Dresden etwa sieht wegen Zuwanderern offenkundig seine deutsche Heimat in Gefahr. Der Flüchtling Ahmad Hashish aus Brandenburg sehnt sich nach seiner syrischen Heimat zurück, obwohl er dort wohl selbst in Gefahr wäre. Und die Studentin Anna-Maria Linke, die im thüringischen Heßberg in ihrem

Elternhaus lebt, sagte im Gespräch: »Das Bekannte ist mir lieber als das Unbekannte.« Mit diesem Gefühl ist sie natürlich nicht allein, so geht es vielen Menschen, wahrscheinlich so ziemlich allen. Bei der im Grunde banalen Feststellung, dass Heimatverbundenheit ein wichtiges Thema ist, darf es aber nicht bleiben – erst recht nicht, wenn es um den Umgang mit globalen Krisen vor Ort geht, um zurückliegende und noch kommende Migrationsbewegungen aufgrund von Krieg, Armut oder der Klimakrise.

Letztendlich geht es um ziemlich große Fragen: Wer sind wir, und wer wollen wir sein? Wer gehört dazu, wen nehmen wir auf? Dass sich mit diesen Fragen auch Politik machen lässt, belegen der jahrelange Streit über eine »Leitkultur« und die Vereidigung des ersten Bundesministers mit einer Zuständigkeit für Heimat im März 2018. Natürlich könnte man diese Kompetenzerweiterung für das Innenministerium als Dialogangebot interpretieren, im Sinne von: Liebe Heimatverbundenen, wir haben verstanden, ab sofort nehmen wir eure Sorgen ernst. Allerdings ist mit der Umbenennung einer Behörde noch nicht viel gewonnen. Und echter Dialog sieht ohnehin anders aus.

Nur wie?

Rechtspopulisten auf Podien zu setzen oder auf Bürgerversammlungen ein »offenes Mikro« aufzustellen, sind streitbare Ansätze, die der Ausbreitung undemokratischer Ideen sogar Vorschub leisten können. Allerdings ist das Repertoire kluger Alternativen überschaubar: Mein Versuch etwa, den Flüchtlingshelfer Axel Steier und den »besorgten Bürger« Torsten Küllig an einen Tisch zu bringen, war ein langwieriges Unterfangen mit aufschlussreichem, aber nicht gerade zuversichtlich stimmendem Ausgang. Der Meinungsaustausch verlief über weite Strecken offen und sachlich, am Ende zeigten sich beide zufrieden über das Gespräch – allerdings vor allem, weil sie sich in ihren Standpunkten bestätigt sahen.

Und trotzdem führt am persönlichen Gespräch mit politisch Andersdenkenden kein Weg mehr vorbei, falls die gesellschaftliche Spaltung zumindest ausgebremst werden soll: Das Streitgespräch mit Horst Schmitzberger und Christian Klee in Roth zeigte, dass ein offener Meinungsaustausch durchaus produktiv sein kann. Natürlich ist niemand gezwungen, das Gespräch mit strammen Neonazis zu suchen. Doch die bilden ohnehin eine Minderheit, selbst im unüberschaubaren Milieu-Wust aus selbst ernannten Abendland-Verteidigern, national-liberalen Anzugträgern und demonstrierenden Wutbürgern.

Wer bereit ist, sich für einen Meinungsaustausch auf Gewaltlosigkeit und Höflichkeit als Mindestanforderungen einzulassen, verdient die Chance auf ein Gespräch (nicht zu verwechseln mit einer Plattform für die ungefilterte Verbreitung der eigenen Weltanschauung).

Über Gewaltverzicht als zivilisatorisches Grundprinzip muss weiter nichts gesagt werden, so selbstverständlich sollte es sein, aber warum ist Höflichkeit so wichtig? Sigmar Gabriel, früherer Vizekanzler und SPD-Chef, bezeichnete 2015 aufgebrachte Demonstranten als »Pack«, nannte 2016 übergriffige Zuwanderer »Arschlöcher« und zeigte wenige Monate später einer Gruppe pöbelnder Rechter den Mittelfinger. Ungefähr zur gleichen Zeit zog

Gabriel gegen einen sächsischen Werkzeughändler vor Gericht, der auf einer Pegida-Kundgebung einen Miniaturgalgen mit sich führte, an dessen Schlinge auf einem Schild stand: »Reserviert Siegmar ›das Pack‹ Gabriel«.

Das Landgericht Hamburg verbot später den Handel mit Nachbauten dieses Galgens, Auswirkungen aber hatte Gabriels »Pack«-Äußerung trotzdem: Es entstand eine kleine »Wir sind das Pack«-Bewegung, die diesen Slogan auf Banner malte und auf Demonstrationen skandierte. So erreichte Gabriel mit seinen Unanständigkeiten gegen die Unanständigen vor allem zweierlei: Seiner Anhängerschaft lieferte er ein vermeintlich starkes Signal – und vielen Frustrierten einen weiteren Grund, sich mit dem »Pack« am rechten Rand zu solidarisieren.

Eine Polarisierungsdynamik wie aus dem Lehrbuch.

Die große Gefahr besteht darin, dass am Ende einer solchen Entwicklung die gemäßigte Mittelschicht pulverisiert ist und sich fast jeder einem der beiden Lager zuordnet. Die USA zählen zu den Ländern des alten Westens, in denen solch ein Lager-Dualismus besonders augenfällige Folgen hatte: Ein liberaler Schwarzer als Staatspräsident, verachtet von Millionen konservativen Bürgern, wurde schließlich von einem nationalistischen Populisten, verachtet von Millionen liberalen Bürgern, im Amt abgelöst.

In Ansätzen lässt sich diese Zweiteilung der Gesellschaft auch hierzulande beobachten: Die einen sind eher selbstzufrieden, mobil, progressiv und kosmopolitisch – die anderen tendenziell verunsichert, traditionalistisch, sesshaft und bodenständig. Sesshaft und bodenständig, das ist in diesem Kontext durchaus wörtlich zu verstehen, womit wir wieder beim Heimatbegriff wären: Den größten Erfolg haben Rechtspopulisten in Dörfern und kleinen Städten. Warum eigentlich?

In den meisten Ballungsräumen leben schon seit Jahrzehnten viele Zuwanderer, es gibt Flughäfen und Fernverkehrsbahnhöfe, ein vielfältiges kulturelles Leben, Armut und Glanz, Elend und Glück. Wer regelmäßig in großen Städten unterwegs ist, gewöhnt sich fast zwangsläufig an Vielfalt und Wandel und ist beidem gegenüber tendenziell aufgeschlossen (von Ausnahmen mal abgesehen, wie der Fall Hamburg-Blankenese gezeigt hat). Das dürfte selbst für einen wegen der Pegida-Bewegung in Verruf geratenen Ort wie Dresden gelten: Ein erheblicher Teil der Pegida-Anhänger kommt nämlich nicht aus der sächsischen Landeshauptstadt, sondern reist eigens aus dem Umland an.

Solche Demonstranten sind weder »das Volk« noch »das Pack«, sie sind einfach da. Und sie sind womöglich auch aus einer Art Trotzreaktion so viele geworden, weil eine urbane Oberschicht sie seit Jahren als irrational, dümmlich und moralisch verlottert abkanzelt, was wiederum Berufspopulisten für ihre Zwecke zu nutzen wussten.

So wie in Freital. In dem Städtchen vor den Toren von Dresden zeigte sich, welche gesellschaftspolitische Sprengkraft das Thema Migration hat. Wie andernorts auch wurden die Asylsuchenden dort weder dezentral noch in Wohnvierteln der Oberschicht untergebracht. Sondern in der Peripherie, nahe Stadtteilen mit vergleichsweise niedrigem Bildungs- und Einkommensniveau. Dort also, wo der Frust vieler dort lebender Menschen ohnehin schon groß war.

Dieses Vorgehen führte mancherorts zu eigenartigen Konstellationen: In Ballungsräumen blieben linksliberale Akademiker und wohlhabende Mittelschichtler in ihren Jugendstilvierteln und Reihenhaussiedlungen unter sich (eine ziemlich bequeme Position übrigens, um den Rassismus der anderen anzuprangern). So hatte in Hamburg der schicke Stadtteil Blankenese jahrelang keine einzige Flüchtlingsunterkunft, während sich der Migrantenanteil im Problemviertel Billbrook zielstrebig der 100-Prozent-Marke näherte.

Auch solche Ungleichheiten legitimieren selbstverständlich keine rassistischen Aus- und Überfälle. Es hat sich aber gezeigt, dass die Aufnahmebereitschaft einer Gesellschaft zu einem erheblichen Teil von der Aufnahmebereitschaft der einkommensschwachen und weniger gut gebildeten Bevölkerungsschichten abhängt.

Das gilt insbesondere in der Provinz, wo das Spannungsverhältnis zwischen Freiheit und Sicherheit, Individualität und Kollektiv, Tradition und Vision besonders groß zu sein scheint. In Kleinstädten und Dörfern ist es schwieriger, sich den Entscheidungen einer Mehrheit zu widersetzen und einen eigenen Weg zu gehen: weil sich kaum jemand in die Anonymität der – nicht vorhandenen – Massen zurückziehen kann. Dieser Gruppenzwang kann positive Auswirkungen haben, so wie in Werpeloh, aber eben auch negative, so wie in Freital.

Wer in Dörfern wie Werpeloh den Seniorentreff boykottiert oder dem Schützenfest fernbleibt, muss wohl kaum ernsthafte Repressalien fürchten. Zugleich ließe sich gerade in Gemeinwesen, in denen sich viele Bewohner untereinander gut kennen, leicht etwas Positives bewegen. Schon Kleinigkeiten können zum Stadtgespräch werden, zum Anlass von Bürgerversammlungen, Demonstrationen oder Solidaritätsaktionen.

Dieser Mechanismus hat allerdings eine Kehrseite: Wo sich nur eine Minderheit gegen Rassismus erhebt, da kann die Gegenseite ihre Gegner leicht identifizieren und einschüchtern. Wenn dann eine bürgerliche Mitte nicht mehr lautstark für Anstand eintritt, können Angstmacher den Diskurs kapern und den Eindruck verbreiten, für eine schweigende Mehrheit zu sprechen – in Freital geschah offenkundig genau das. So ist es möglich, dass in einer Stadt mit vierzigtausend Einwohnern dreihundert Zuwanderungsgegner und einhundertfünfzig Gegendemonstranten aufeinandertreffen, woraufhin sich die Zuwanderungsgegner als Vertreter einer womöglich nur eingebildeten Mehrheit fühlen.

Die tatsächliche Mehrheit besteht aus mehr als neununddreißigtausend Schweigenden – Menschen, die auf keiner Demo und deshalb auch im Diskurs nicht auftauchen. Die im Verborgenen bleiben, warum auch immer. Die vielleicht gar keine Meinung zu einem Thema haben, in Ruhe gelassen werden wollen oder sich in politischen Debatten nach etwas sehnen, das verloren gegangen ist: Gelassenheit und Pragmatismus statt hasserfülltes Lagerdenken.

Denn nicht jeder, der sich zur Teilnahme an einer Pegida-Kundgebung hinreißen lässt oder sein Kreuz bei der AfD macht, ist automatisch ein Rassist – ebenso wie nicht jeder, der Zuwanderung befürwortet oder auf G20-Gipfeln demonstriert, automatisch ein gewaltbereiter Linksradikaler ist. Das ist keine Relativierung von politischem Extremismus, sondern ein Appell, nicht angesichts jedes Problems gleich vor dem drohenden Niedergang der Zivilisation zu warnen. Anders gesagt: Wer im Streit zunächst einer gesprächsbereiten Gegenseite zuhört und ernsthaft nach einer Lösung sucht, muss nicht gleich vor Gericht oder mit Rassisten durch die Altstadt ziehen.

Dass es an der dafür nötigen Gelassenheit mangelt, gehört zu den Gesetzmäßigkeiten der Polarisierung. Und die wiederum lässt sich nicht nur mit Blick auf den rechten Rand verstehen. In den vergangenen Jahrzehnten gab es auch etwas, das man durchaus als Linksruck bezeichnen könnte: das nahende Ende von Kohle- und Atomenergie, Moscheen in deutschen Städten, das Ende der Wehrpflicht, Debatten über Frauenquoten, Tempolimits, Schwangerschaftsabbrüche, und, und, und.

Natürlich kann man sich auf den Standpunkt stellen, vieles davon sei längst überfällig oder eine unvermeidbare Folge des gesellschaftlichen Wandels gewesen. Das ändert aber nichts daran, dass es diese Veränderungen *gab* und dass es den Widerstand dagegen *gibt*: Viele Menschen wähnen ihr konservatives Weltbild angesichts einer angeblichen »Bevormundung« und eines »linken Zeitgeistes« in Gefahr. Deren Argumentation geht in etwa so: Wenn selbst CDU-Abgeordnete zustimmen, die Grenzen für Araber und die Ehe für Homosexuelle zu öffnen, wer verteidigt dann noch lieb gewonnene Privilegien und Traditionen?

Weil es den Vertretern liberaler Ideen nicht immer gelang, solche Veränderungen klug zu vermitteln, kam es offenbar zu einer Art Überreaktion. In Deutschland entwickelten sich binnen weniger Jahre Bewegungen wie Pegida zu Katalysatoren des Frusts, die AfD brauchte lediglich fünf Jahre für den Einzug in sämtliche Landesparlamente, den Bundestag und das Europaparlament. Entscheidungen wie die Einführung eines dritten Geschlechts oder die vermeintliche »Grenzöffnung« von 2015 bestärkten viele in ihrer Wut.

Ist die gespaltene Gesellschaft also nur eine zwangsläufige, aber verkraftbare Nebenwirkung des Siegeszuges liberaler Ideen? Sind erzkonservative, völkische und sexistische Positionen lediglich zu ihrem letzten Rückzugsgefecht angetreten, lautstark unterstützt von Troll-Armeen und fanatischen Verschwörungstheoretikern? Und wäre es dann nicht viel wichtiger, sich globalen Menschheitskrisen wie der Erderwärmung zu widmen statt einer krakeelenden Minderheit im eigenen Land?

Ganz so einfach ist es natürlich nicht. Auch für eine progressive Klimapolitik, um bei diesem Beispiel zu bleiben, braucht es entsprechendes Führungspersonal und politische Mehrheiten. Die Wahlsiege nationalistischer und populistischer Politiker zeugen allerdings nicht gerade von einem weltweiten Siegeszug der Umweltbewegung, sie deuten auch ansonsten nicht auf den Niedergang reaktionärer Ideen.

Wer diese einhegen will, sollte – statt auf ein Allheilmittel oder die große Politik zu hoffen – sich des gesamten Arsenals der verfügbaren Gegengifte bedienen: zivilgesellschaftliches Engagement, politische und historische Bildung, aufrichtige Dialogbereitschaft, unnachgiebiger Kampf gegen Rassismus und Diskriminierung – und: Gelassenheit.

Die größte Herausforderung für die deutsche Gesellschaft des 21. Jahrhunderts besteht vielleicht nicht in der Integration von Zuwanderern. Sondern in der Integration aller Deutschen.

DANK

Für die Unzulänglichkeiten dieses Buches ist der Autor verantwortlich, die einzelnen Kapitel aber konnten nur dank vieler hilfsbereiter Menschen entstehen – Menschen, die sich haben begleiten oder interviewen lassen, die einem Reporter Einblicke in ihren Berufsalltag, das Privat- und Seelenleben oder ihre politischen Überzeugungen gewährten. Das gilt nicht nur für die auf den vorangehenden Seiten Genannten, sondern auch für diejenigen, deren Geschichten aus Platzgründen nicht in diesem Buch erscheinen konnten. All diesen Menschen gilt mein Dank.

Möglich waren diese Reisen nur, weil viele Kollegen aus den SPIEGEL-Redaktionen mich unterstützt haben, sei es bei der Planung, der Recherche oder im Einsatz vor Ort. Namentlich hervorheben möchte ich Jan Friedmann, Carolin Katschak, Benjamin Maack, Birger Menke, Claas Meyer-Heuer, Benjamin Schulz, Ansgar Siemens, Hendrik Ternieden und Jean-Pierre Ziegler.

Besonderer Dank gilt zudem Angelika Mette und ihrem Team vom SPIEGEL-Verlag, die dieses Projekt organisatorisch begleiteten und einiges investierten – unter anderem Geduld und Vertrauen. Daniel Oertel, mein Lektor vom Ullstein-Verlag, nahm sich des Manuskripts mit professioneller Neugierde an und gab viele wertvolle Anregungen.

Eine große Unterstützung waren auch viele andere, die mich in oft kontroversen Gesprächen ins Zweifeln und zum Verzweifeln brachten. Insbesondere danke ich Niklas Wieczorek und Stephan Drehmann, die dieses Projekt als Freunde ebenso intensiv begleiteten wie als Textkritiker und Impulsgeber.

Zuletzt gilt mein Dank den unzähligen Menschen, die den Laden am Laufen halten. Diesen Laden namens Demokratie.

Anregungen und Hinweise nehme ich gern via E-Mail (peter.maxwill@spiegel.de) oder auf Twitter (@PMaxwill) entgegen.

ullstein